ANALYSEN
ZUR DEUTSCHEN SPRACHE
UND LITERATUR

Begründet von
Rupert Hirschenauer und Albrecht Weber,
fortgeführt von
Bernhard Sowinski und Helmut Schwimmer

NATURALISTISCHE DRAMEN GERHART HAUPTMANNS

„Die Weber“ – „Rose Bernd“ – „Die Ratten“

Thematik – Entstehung – Gestaltungsprinzipien – Struktur

von Klaus Hildebrandt

R. OLDENBOURG VERLAG MÜNCHEN

Textstellen aus den Dramen „Die Weber", „Rose Bernd" und „Die Ratten" werden nach folgenden Ausgaben zitiert:

Schwab-Felisch, Hans: Gerhart Hauptmann: Die Weber. Vollständiger Text des Schauspiels. Dokumentation. Ullstein-Buch Nr. 3901.

Hauptmann, Gerhart: Rose Bernd. Ullstein-Buch Nr. 4978. (Ullstein Theater Texte)

Hauptmann, Gerhart: Die Ratten. Ullstein-Buch Nr. 4977 (Ullstein Theater Texte)

Sonstige Zitate und Hinweise stützen sich auf die Centenar-Ausgabe (Abkürzung: CA) der Werke Gerhart Hauptmanns; die einschlägigen Bände werden mit römischen, die jeweiligen Seiten mit arabischen Zahlen gekennzeichnet.

[ ] Textergänzungen

(...) Textauslassungen durch den Verfasser des Buches

CIP-Kurztitelaufnahme der Deutschen Bibliothek

Hildebrandt, Klaus:
Naturalistische Dramen Gerhart Hauptmanns : „Die Weber" – „Rose Bernd" – „Die Ratten" ; Thematik – Entstehung – Gestaltungsprinzipien – Struktur / von Klaus Hildebrandt. – 1. Aufl. – München : Oldenbourg, 1983.
(Analysen zur deutschen Sprache und Literatur)
ISBN 3-486-85621-9

1. Auflage 1983 4 3 2 1 0 87 86 85 84 83

Umschlaggestaltung: Norbert Höchtlen, München
Gesamtherstellung: Verlagsdruckerei E. Rieder, Schrobenhausen

ISBN: 3-486-85621-9

Inhalt

„Die Ratten" (1911)

Zur Zielsetzung dieses Buches

Die vorliegende Abhandlung soll nicht das alte und falsche, aber immer wieder geprägte Klischee erneuern, Gerhart Hauptmann (1862–1946) sei ein nur „naturalistischer" Dichter gewesen. Der Autor begann als Dramatiker nicht naturalistisch (vgl. „Germanen und Römer", 1882 entstanden, sein erstes abgeschlossenes Drama), löste sich bald (schon bei „Florian Geyer", 1894/95 entstanden) von dem sein Gestalten einengenden „Zwang" und schuf später – bis hin zur Atriden-Tetralogie (1944 mit „Elektra" abgeschlossen) zahlreiche Werke, die nicht einem angeblichen Zeitgeist entsprachen, sondern ganz seine persönliche Entwicklung widerspiegelten. Als eine Tatsache muß aber festgehalten werden, daß Gerhart Hauptmann gerade den Werken seiner naturalistischen Schaffensphase (das gilt für einige Dramen und für die frühen Erzählungen) die größten literarischen Erfolge und die stärkste Nachwirkung – bis in unsere Tage – verdankt. So ist es durchaus legitim, drei naturalistische Dramen des Dichters, die zu seinen am meisten beachteten zählen, in den Mittelpunkt eines neuen Buches zu stellen. Dabei ist es notwendig, die gesamte erste dramatische Schaffensphase, die von dem Schauspiel „Die Weber" bis zur Tragikomödie „Die Ratten" reichte, zu skizzieren und auch kurz darzulegen, welche Anregungen zum naturalistischen Arbeiten führten.

Obwohl Deutungen aus neuerer Sicht durchaus angebracht wären, wird hier – gemäß den Intentionen der Reihe „Analysen zur deutschen Sprache und Literatur" – nur die für eine Interpretation notwendige Grundlage geboten.

Das Buch soll durch eine Untersuchung von Thematik, Entstehung, Gestaltung und Struktur der Dramen „Die Weber", „Rose Bernd" und „Die Ratten" dazu dienen, eine solide Basis für die intensive Beschäftigung mit den genannten Werken zu bieten.

Der Versuch, die Arbeitsweise Hauptmanns bei der Gestaltung dreier Dramen, die in einem gewissen Abstand uraufgeführt wurden, miteinander zu vergleichen, dient dazu, die Entwicklung im Schaffen des Dichters zu verdeutlichen.

Da die Reihe „Analysen zur deutschen Sprache und Literatur" auch Hilfen für die Praxis bieten möchte, enthält das Buch zusätzlich kurze didaktisch-methodische Anregungen zur Beschäftigung mit

Hauptmanns wohl bekanntestem Drama, dem Schauspiel „Die Weber“.

Das beigefügte Literaturverzeichnis soll der besseren Orientierung und der vertiefenden Betrachtung dienen. Angesichts der großen Fülle wissenschaftlicher Arbeiten über Gerhart Hauptmann und sein Schaffen ist Vollständigkeit nicht möglich; so wurde eine Auswahl getroffen, die Wesentliches enthält. Wenn einige der zitierten Abhandlungen die weitere Beschäftigung mit dem Dichter anregen, ist ebenfalls ein wichtiges Ziel dieses Buches erreicht.

Die Themen, die der Schlesier in den analysierten großen Dramen aufgriff, sind in ihrer Problematik im Grunde zeitlos, und die Bühnenfiguren, die der Dichter gestaltete, vermögen in ihrer Lebendigkeit und Plastizität noch immer nachhaltig zu fesseln.

Insgesamt könnte diese Publikation dazu beitragen, einen heute zwar in der Sekundärliteratur noch immer stark beachteten, auf der Bühne aber nicht gerade häufig vertretenen Verfasser in seiner Bedeutung erneut herauszustellen.

Nichtliterarische Voraussetzungen des deutschen Naturalismus

Gerhart Hauptmanns Drama ,,Einsame Menschen", 1890 entstanden, enthält die folgende Vorbemerkung: ,,Die Vorgänge dieser Dichtung geschehen in einem Landhause zu Friedrichshagen bei Berlin, dessen Garten an den Müggelsee stößt. In allen fünf Akten bleibt der Schauplatz derselbe: ein saalartiges Zimmer – Wohn- und Speiseraum –, gutbürgerlich eingerichtet. Ein Piano ist da, ein Bücherschrank; um ihn gruppiert Bildnisse – Photographie und Holzschnitt – moderner Gelehrter (auch Theologen), unter ihnen Darwin und Haeckel (...)" (CA I, 169). Johannes Vockerats (und auch Gerhart Hauptmanns) Vorbilder – die Reihe kann und muß erweitert werden – sind die des gesamten literarischen Naturalismus in Deutschland. In verdienstvollen Publikationen[1] deckten Sigfrid Hoefert, Roy C. Cowen und Günter Mahal auch die nichtliterarischen Wurzeln der Dichtungsepoche auf, die um 1880 begann und etwa im Jahre 1900 ausklang; die genannten Verfasser legten außerdem in Grundzügen dar, worin sich der Naturalismus vom Realismus abhebt, und waren um eine Klärung des (bis heute umstrittenen) Epochenbegriffs ,,Naturalismus" bemüht.

Die deutschen Naturalisten bemängelten insbesondere, daß die Dichtung nachklassische, epigonenhafte Züge trug und nicht bzw. zu wenig die Erkenntnisse, Errungenschaften und Entwicklungen des 19. Jahrhunderts aufgegriffen hatte; nur am Rande sei hier vermerkt, daß sie der bisherigen Literatur gegenüber ungerecht waren, weil auch deren realistische Tendenzen zu der Dichtung beitrugen, die Eugen Wolff kühn ,,Die Moderne" nannte. Die Naturalisten empfanden ihr Schaffen als etwas längst Fälliges und völlig Neues, als ,,Revolution der Literatur" (Karl Bleibtreu). In diesem Zusammenhang erhebt sich die Frage, warum sich in Deutschland der literarische Naturalismus so spät durchzusetzen vermochte. Cowen sieht den Grund im Sieg von 1871 und in seiner Auswirkung: ,,Sie [die neue Weltmacht] ist allzu bereit, die Probleme zu übersehen, die den Naturalismus in anderen Ländern ins Leben ruft"[2]. Die Fragen der Zeit konnte man aber nicht lange unbeachtet lassen, und ebenso war es mit den politischen, naturwissenschaftlichen und philosophischen Erkenntnissen des 19. Jahrhunderts. Die Anhänger des Naturalismus – ob in Theorie oder Praxis – wandten sich verhältnismäßig spät, dann aber intensiv den Lehren zu, die das Weltbild um die Mitte des 19. Jahrhunderts zu erneuern versuchten. ,,Der Begriff ‚Naturalismus' bezeichnet das literarische Experiment, die Kunst mit der Wissenschaft zu liieren" – diese Feststellung Ursula Münchows[3] hat ihre Gültigkeit trotz neuerer Forschungen behalten.

Charles Darwin (1809–1882) begründete mit seinem Buch ,,On the Origin of Species by Means of Natural Selection" (1859) eine neue Abstammungslehre. Der Begründer der Selektionstheorie fand zahlreiche Anhänger. Ernst Haeckel (1834–1919) trug am stärksten zur Verbreitung Darwinscher Gedanken in Deutschland bei. Schon 1863 referierte er in Stettin ,,Über die Entwicklungstheorie Darwins". Auf Darwins Lehren baute Haeckels ,,Natürliche Schöpfungsgeschichte" (1868) auf. Die Verbindung zum Naturalismus stellte in besonderem Maße Wilhelm Bölsche her, der Ernst Haeckel im Jahre 1900 eine Monographie widmete, aber schon viel früher auf ihn wie auf Darwin hingewiesen hatte. – Die neue Abstammungslehre der Darwinisten machte auch Carl Vogt (1817–1895) bekannt, der 1863 die ,,Vorlesungen über den Menschen, seine Stellung in der Schöpfung und in der Geschichte der Erde" veröffentlichte. – Ebenfalls 1863 äußerte sich Ludwig Büchner (1824–1899) über ,,Die Darwinsche Theorie". 1870 publizierte er ein Buch über ,,Die Stellung des Menschen in der Natur in Vergangenheit, Gegenwart und Zukunft".

Ludwig Büchners Hauptwerk, ,,Kraft und Stoff" (1855), zeigte, daß auf philosophischem Gebiet materialistisches Denken vielfach im Vordringen war. Ein Feind metaphysischen Denkens war der Begründer des modernen Positivismus, Auguste Comte (1798–1857). Sein ,,Cours de philosophie positive" (1830–1842, sechs Bände) begründete insbesondere die moderne Soziologie des 19. Jahrhunderts. Für die menschliche Gesellschaft ließ Comte nur Gesetze gelten, die er aus der Beschreibung von Tatsachen ableitete. – Hippolyte Taine (1828–1893), ein Schüler Comtes, formulierte in seinem Werk ,,Histoire de la Littérature Anglaise" (Band I, 1863) den berühmten Satz: ,,Trois sources différentes contribuent à produire cet état moral élémentaire; la race, le milieu et le moment"[4]. Zeit, Rasse und Milieu kennzeichnen nach Taines Theorie den Menschen und seine Entwicklung. – John Stuart Mill (1806–1873) ließ in seinem Buch ,,Auguste Comte and Positivism" (1865) nur die Erfahrung als Erkenntnisquelle gelten; Mills Bedeutung für den Naturalismus wird u. a. dadurch unterstrichen, daß ihn Arno Holz in seinem Werk „Die Kunst. Ihr Wesen und ihre Gesetze" des öfteren nennt. – Herbert Spencer (1820–1903) wurde mit seinem zehnbändigen „System of Synthetic Philosophy" (1855–1896) zu einem Verfechter der Lehre, daß die Gesellschaft einen von Naturgesetzen bestimmten Entwicklungsprozeß durchmache. Dieser Gedanke wurde auch von Henry Thomas Buckle (1821–1862) in seiner „History of Civilization in England" (1857–1861) vertreten. Der Determinismus, den die Werke deutscher Naturalisten erkennen lassen, stammt letztlich von Buckle; das Zwischenglied war offensichtlich der Literaturhistoriker Wilhelm Scherer, der 1868 in seiner „Geschichte der deutschen Sprache" auf den englischen Historiker und seine Lehre hinwies[5]. – Bei einem Blick auf die philosophischen Grundlagen des Naturalismus darf man David Friedrich Strauß (1808–74) und Ludwig Feuerbach (1804–1872) nicht übersehen; sie übten an kirchlichen Dogmen heftige Kritik, erschütterten die Grundlagen des christlichen Glaubens und führten zu einer allem Metaphysischen abholden Grundhaltung, die das Denken in der zweiten Hälfte des 19. Jahrhunderts vielfach bestimmte.

Ganz andere Wurzeln hatte die dritte nichtliterarische Voraussetzung des Naturalismus. Die stürmische Entwicklung der Industrie führte zum Arbeiterproletariat. In der „sozialen Frage" sah man das größte Problem des 19. Jahrhunderts. Die in Not Geratenen konnten sich nicht selbst helfen; Angehörige des Bürgerstandes waren es, die Forderungen für den „vierten Stand" erheben mußten. Unter den Bewegungen, die eine Antwort auf die drängenden Fragen der Zeit geben wollten, war der Sozialismus am erfolgreichsten – wohl deswegen, weil er eine Theorie entwickelte, die für viele faszinierend war. Der Sozialismus war ausländischen Ursprungs, fand aber in Deutschland seine stärkste geistige Ausprägung. Schon 1848 veröffentlichten Karl Marx (1818–1883) und Friedrich Engels (1820–1895) ihr „Manifest der kommunistischen Partei". Von größter Bedeutung wurden auch die Thesen, die Karl Marx in seiner „Kritik der politischen Ökonomie" (1859) und in seinem Werk „Das Kapital" (Band I: 1867) vertrat. Neben Marx und Engels setzte sich Ferdinand Lassalle (1825–1864), der Begründer des „Allgemeinen Deutschen Arbeitervereins" (1863), für einen sozialen Staat ein; die wichtigsten Gedanken des vom Deutschen Idealismus (Fichte, Hegel) Beeinflußten enthält sein Hauptwerk, „Das System der erworbenen Rechte“ (zwei Bände, 1861). Die materialistische Grundströmung der Zeit wurde durch die sozialistischen bzw. marxistischen Ideen noch weiter verstärkt. In der Lösung der „sozialen Frage“ und in einer Umgestaltung der Gesellschaft sah man die Voraussetzungen für das zukünftige Glück des Menschen. Auch die Vertreter des literarischen Naturalismus in Deutschland – junge Idealisten zumeist – griffen solche Gedanken auf; ihr Engagement kommt in zahlreichen Werken zum Ausdruck.

Ausländische Vorbilder

Veröffentlichungen des Physiologen Claude Bernard (1813–1878) beeinflußten das Schaffen Emile Zolas (1840–1902), der von allen französischen Autoren die stärkste Wirkung auf den deutschen Naturalismus ausübte. Zolas Romanzyklus „Les Rougon-Macquart“ (1871–1893, 20 Bände) zeigt zwei Stämme einer Familie und ihr Schicksal. Vererbung und Umwelt bestimmen nach Zola das Geschick des Menschen; den Auswirkungen von Erbgut und Milieu wollte er in seinem „Experiment“ nachspüren. Starke Beachtung fanden auch Zolas theoretische Schriften „Le Roman expérimental“ (1880) und „Le Naturalisme au théâtre“ (1881). – Zu den französischen Vorbildern des deutschen Naturalismus gehören Honoré de Balzac (1799–1850) und Gustave Flaubert (1821–1880); vor allem war es aber Guy de Maupassant (1850–1893), der mit seinem Versuch, die Wirklichkeit in der Kunst wiederzugeben, starke Impulse vermittelte. Nur Zolas „roman expérimental“ bleibt freilich in seiner Wirkung voll greifbar; er wies den Weg zu den Deklassierten der Gesellschaft, entwarf ein überzeugendes Zeitbild und zeigte die Gesetzmäßigkeiten des Lebens auf. – Skandinavier gehören zu den weiteren Vorbildern für die deutschen Naturalisten. Auch hier muß man aber Unterschiede in der Wirkung festhalten. August Strindberg (1849–1912) beeinflußte das literarische Schaffen in Deutschland vor allem durch sein naturalistisches Trauerspiel „Fräulein Julie“ (1888). Björnstjerne Björnsons (1832–1910) Bedeutung lag insbesondere in seiner Behandlung von Gegenwartsfragen in Romanen und Schauspielen (z. B. „Fallissement“, 1875). Die größte Wirkung auf die deutschen Naturalisten konnte der Norweger Henrik Ibsen (1828–1906) erzielen. Seine Dramen „Die Stützen der Gesellschaft“

(1877), „Nora“ (1879), „Die Gespenster“ (1881), „Ein Volksfeind“ (1882), „Die Wildente“ (1884) und „Rosmersholm“ (1886) zeichneten sich durch eine geradezu fanatische Wahrheitsliebe, Gesellschaftskritik und kämpferischen Geist aus. Ibsen rückte aktuelle Probleme – z.B. die Vererbung und die Frauenemanzipation – in den Mittelpunkt und ließ dadurch, daß er keine Lösungen bot, die Zuschauer über die aufgeworfenen Fragen nachdenken. – Zu den französischen und skandinavischen Vorbildern traten noch russische Autoren – auch sie konsequente Realisten. Leo N. Tolstojs (1828–1910) Drama „Die Macht der Finsternis“ (1886) übte eine starke Wirkung auf die deutschen Naturalisten aus.

Wichtig war es, daß Tolstoj das Schicksal sozialer Schichten stärker beachtete als das von Einzelpersonen. – Auch Fjodor M. Dostojewskij (1821–1881) fand in Deutschland nachhaltiges Interesse; vor allem sein Roman „Schuld und Sühne“ (1866) war von großem Einfluß. Dostojewskij verband Wirklichkeitstreue mit psychologischem Feingefühl; Verbrechen und Täter schilderte er mit der Absicht, die Motive darzulegen. Die Gesellschaft wollte er durch heftige Kritik verbessern.

Es ist insbesondere Roy C. Cowens Verdienst, nachhaltig darauf hingewiesen zu haben, daß neben diesen ausländischen Autoren auch deutsche Dichter das „jüngste Deutschland“ (Adalbert von Hanstein, 1905) beeinflußten[6]. Cowen verweist u.a. auf J. M. R. Lenz, vor allem aber auf Dichter des „Jungen Deutschland“ (z.B. Karl Gutzkow) sowie auf die Frührealisten Georg Büchner und Christian Dietrich Grabbe. „Schon lange vor Taine und Zola spricht sich Büchner für den Belang des Milieus aus (...)“ – mit diesen Worten legt Cowen[7] überzeugend dar, daß Büchner ein Vorbild der Naturalisten war. Gerhart Hauptmann trug dazu bei, daß Büchners Bedeutung nach Jahrzehnten erkannt wurde. In der autobiographischen Schrift „Das Abenteuer meiner Jugend“ (1929–1935 entstanden) teilt er dazu mit: „Eine neue Ausgabe von Georg Büchner, besorgt von Karl Emil Franzos, lag damals vor. Ich besprach sie in unserem Vereine“[8].

Zur theoretischen Grundlegung des deutschen Naturalismus

Die dritte wichtige Basis für die deutsche naturalistische Dichtung stellen theoretische Schriften dar, die in bisher nicht üblicher Weise eine Epoche der Dichtung gedanklich absicherten[9]. Auch hier ist nur ein Hinweis auf das Wichtigste möglich.

In Berlin gründeten die Brüder Heinrich Hart (1855–1906) und Julius Hart (1859–1930) im Jahre 1882 die Zeitschrift „Kritische Waffengänge", die bis 1884 erschien. Die Brüder Hart forderten darin u. a. eine gegenwartsbezogene Dichtung und wissenschaftliche Grundlagen für die Literatur; sie wandten sich aber auch gegen ihrer Ansicht nach törichte Modeströmungen dilettantischer Art in der Dichtung. Ein genaues Programm entwickelten sie noch nicht. – Karl Bleibtreu (1859–1928), der ab 1888 in der Nachfolge Michael Georg Conrads die Zeitschrift „Die Gesellschaft" edierte, veröffentlichte 1886 die Broschüre „Revolution der Litteratur", welche die erfolgreichste Programmschrift des Naturalismus war. S. Hoefert nennt als Grund, daß es Bleibtreus Absicht gewesen sei, „Altes und Neues miteinander zu verbinden" und „die Forderungen des Tages (...) mit seinen im wesentlichen von der Romantik bestimmten literarischen Anschauungen in Einklang" zu bringen[10].

1886 erschienen auch die „Zehn Thesen der Vereinigung ‚Durch!'"[11]. Der Verein wurde 1886 von dem Arzt Konrad Küster und von den Schriftstellern Eugen Wolff (1863–1929) und Leo Berg (1862–1908) in Berlin gegründet; er war von großer Bedeutung für alle Autoren, deren Wirken Adalbert von Hanstein in seinem Buch „Das jüngste Deutschland" (1905) würdigte. Die erwähnten zehn Thesen geben keine Vorbilder an und stellen keine formalen Bedingungen für die Dichtung. Sie bekennen sich aber zur Naturwissenschaft, zum technischen Fortschritt und zur gesellschaftlichen Verpflichtung des Dichters. Die These 2 umreißt die Forderungen besonders deutlich: „Wie alle Dichtung den Geist des zeitgenössischen Lebens künstlerisch verklären soll, so gehört es zu den Aufgaben des Dichters der Gegenwart, alle bedeutungsvollen und nach Bedeutung ringenden Gewalten des gegenwärtigen Lebens in ihren Licht- und Schattenseiten poetisch zu gestalten und der Zukunft prophetisch und bahnbrechend vorzukämpfen. Demnach sind soziale, nationale, religiös-philosophische und literarische Kämpfe spezifische

Hauptelemente der gegenwärtigen Dichtung, ohne daß sich dieselbe tendenziös dem Dienste von Parteien und Tagesströmungen hingibt"[12].

Bruno Wille (1860–1928), die Brüder Hart und Wilhelm Bölsche (1861–1939) zogen in der zweiten Hälfte der achtziger Jahre von Berlin an den ruhigen Müggelsee; dort bildeten sie den „Friedrichshagener Dichterkreis", der für den Naturalismus große Bedeutung erlangte. Wilhelm Bölsche veröffentlichte 1887 sein Buch „Die naturwissenschaftlichen Grundlagen der Poesie", die nach R. C. Cowen „wichtigste theoretische Schrift eines einzelnen um diese Zeit"[13]. Bölsche postulierte die Verbindung auch der Dichtung mit den Naturwissenschaften: „Die Basis unseres gesamten modernen Denkens bilden die Naturwissenschaften"[14]. Konsequenterweise ergab sich daraus eine strikte diesseitige Weltanschauung: „Wir haben gebrochen mit der Metaphysik"[15].

Zu den Theoretikern des Naturalismus, die sich um eine wissenschaftliche Basis für die Dichtung bemühten, gehörte insbesondere Arno Holz (1863–1929). Sein Buch „Revolution der Lyrik", das erst 1899 publiziert wurde, war ein wesentliches Zeitdokument, kann hier aber außer Betracht bleiben. Von größter Bedeutung war das 1891 veröffentlichte Buch „Die Kunst. Ihr Wesen und ihre Gesetze". Holz, der sich wohl am intensivsten mit vielen Fragen der neuen Kunstrichtung des Naturalismus befaßte und sowohl theoretisch wie praktisch Beachtenswertes leistete, bemühte sich in wissenschaftlicher Manier, eine Formel für die Kunst zu entwickeln. Auf der Grundlage eingehender Überlegungen fand er die Formel „Kunst = Natur – x". Die Bedeutung von „x" geht dabei aus folgender wichtiger These hervor: „Die Kunst hat die Tendenz, wieder die Natur zu sein. Sie wird sie nach Maßgabe ihrer jeweiligen Reproduktionsbedingungen und deren Handhabung"[16].

Zum Schluß sei noch auf theoretische Äußerungen hingewiesen, die speziell das Drama betreffen. Der Kritiker Julius Hillebrand schrieb 1886 in seinem Artikel „Naturalismus schlechtweg!": „[Das soziale Drama] unterscheidet sich vom herkömmlichen bürgerlichen Trauerspiel vor allem dadurch, daß es nicht bloß Honoratioren, also Pfarrer, Kommerzienräte, Sekretärs oder Lieutnants, sondern auch den vierten Stand auf die Bühne bringt, zweitens dadurch, daß es in tieferm Erfassen der Motive auch die physiologische und pathologische Seite des Charakters zu beleuchten und an Stelle der abgedroschenen Spießbürgerkonflikte die großen Geisteskämpfe der Wirklichkeit auf die Bühne zu bringen sucht, endlich dadurch, daß es den konventionellen Theaterjargon durch die Sprache des Lebens ersetzt"[17]. Zur Sprache des neuen Dramas äußerte sich Alfred Kerr 1891 in seiner Schrift „Technik des realistischen Dramas":

> „Das neue Drama trachtet nach immer größerer Differenzierung der Sprache, die sich einmal streng nach dem Wesen der redenden Gestalten, dann nach dem Wesen der Situation richtet. Da nun das Drama Menschen vorführt, die ihrem Beruf nach nicht immer Oberlehrer sind, so sprechen sie auch nicht wie diese in vorsichtig geordneten Mustersätzen, sondern mit allen den kleinen syntaktischen und logischen Nachlässigkeiten, welche die Sprache des Lebens zeigt (...)"[18].

Hermann Bahr sprach zwar schon 1891 von der „Überwindung des Naturalismus", hob aber doch die neuen sprachlichen Mittel und das Einfühlen in die menschliche Seele als große Errungenschaften hervor[19]. Den Zusammenhang zwischen der Seele und dem Drama sah auch Gerhart Hauptmann, als er 1908/09 in sein Tagebuch schrieb: „Das moderne Drama kann in seiner besten Form nichts anderes sein als ein Symbol der modernen Seele. Das Leben der Seele – und kein anderes ist Gegenstand der Kunst – kann nicht anders als dramatisch sein und sein Ausdruck das Drama"[20].

Gerhart Hauptmann und der Durchbruch des Neuen

Gerhart Hauptmann wurde am 15. 11. 1862 in Ober-Salzbrunn/Schlesien geboren. Im April 1874 trat er in die Sexta der Städtischen Realschule I. Ordnung am Zwinger in Breslau ein; er verließ sie am 29. 4. 1878 mit einem Gefühl der Erleichterung. Danach wurde er Landwirtschaftseleve auf Rittergut Lohnig im Kreise Striegau, anschließend auf einem Gut im benachbarten Lederose (Mai 1878 bis September 1879). Als Kunstschüler in Breslau (Oktober 1880 bis Sommer 1882) begann er seine Ausbildung als Bildhauer. Nach einem Intermezzo als Student in Jena (November 1882 bis März 1883) setzte er seine künstlerischen Bemühungen fort; in Rom lebte er als freier Bildhauer (ab Oktober 1883), und nach seiner Rückkehr aus Italien verbrachte er sechs Wochen in der Zeichenklasse der Königlichen Akademie der Künste auf der Brühlschen Terrasse in Dresden (Sommer 1884). Diesen letzten Versuch gab der junge Schlesier aber auf und wandte sich endgültig der Dichtkunst zu, für die er schon lange Interesse zeigte. Gerhart Hauptmanns erste Dichtungen lassen erkennen, daß er sich ganz in traditionellen Bahnen bewegte; die Werke zeigen epigonenhafte Züge. Es waren insbesondere geschichtliche Stoffe, nicht Themen der Gegenwart, die ihn zunächst zur Gestaltung drängten[21]. Eine Wende bahnte sich erst im November 1884 an. Die Vorlesungen an der Berliner Friedrich-Wilhelms-Universität, die Lektüre moderner Werke, die Begegnung mit literarischen Kreisen und der Besuch neuer Theaterstücke weckten Hauptmanns Interesse für die Gegenwart. In Erkner, wohin er im Herbst 1885 von Berlin zog, folgten entscheidende Begebenheiten und Anstöße, die sein Schaffen beeinflußten. Er schloß sich an die Schriftsteller „Jüngstdeutschlands" an (die Friedrichshagener Wilhelm Bölsche, Bruno Wille, die Brüder Hart u. a.) und trat dem Verein „Durch!" bei, wo er über Georg Büchner, damals nahezu unbekannt, einen Vortrag hielt. Ibsens „Nora" hatte er schon in Berlin kennengelernt (im Winter 1884/85 im Deutschen Theater); nun las er u. a. Werke von Zola und Tolstoj, die ihm Anregungen schenkten, wie auch Ibsen erneut zu einem Erlebnis wurde (am 9. 1. 1887 sah er im Residenztheater zu Berlin dessen „Gespenster"[22]).

Ein Unglück, das sich am 13. 2. 1887 auf dem Flakensee ereignete, regte den jungen Dichter zu seiner ersten naturalistischen Novelle an: „Fasching" (CA VI, 13–34), die im Februar und im März 1887 entstand. Mit „Bahnwärter Thiel", den er eine „Novellistische Studie aus dem märkischen Kiefernforst" nannte (CA VI, 35–67), setzte Hauptmann sein erzählerisches Frühwerk fort; diese Novelle entstand im April und Mai 1887.

Von 1885 bis 1889 hielt sich der Dichter nicht immer in Erkner auf. Am längsten war er abwesend, als er, von seinem Bruder Carl eingeladen, vom 29. Januar bis Ende Oktober 1888 mit seiner Familie in Zürich wohnte[23]. Für seine weitere Entwicklung wurden Studien bei dem Psychologen Auguste Forel, aber auch die Lektüre von „Zola, dann als ersten Russen Turgenjew, später Dostojewski und schließlich Tolstoi"[24] wichtig. Zu dem anregenden Freundeskreis gehörten Autoren wie Karl Henckell, Peter Hille, John Henry Makkay (1888 erschien dessen naturalistische Lyriksammlung „Sturm") und Frank Wedekind. Alfred Ploetz, mit den Brüdern Carl und Gerhart Hauptmann seit der Breslauer Realschulzeit befreundet, bot wesentliche Anregungen; er war es auch gewesen, der Gerhart

Hauptmann zu seinem Aufenthalt in der Schweiz letztlich angeregt hatte: „Es war die Flucht Ploetzens vor den Häschern des Sozialistengesetzes unter dem Schutz des Asylrechtes, die unsere Gedanken erstmalig an die freie Schweiz heftete und erst Simon, alsdann Carl und endlich mich nach sich zog"[25]. Zürich bot eine Fülle von Anregungen, zu denen neben wissenschaftlichen und literarischen Impulsen auch viele tagespolitische Themen gehörten.

Im Herbst 1888 kehrte Hauptmann nach Erkner zurück. Nun nahm er den Umgang mit den Berliner Repräsentanten des literarischen Naturalismus wieder auf, insbesondere den mit Wilhelm Bölsche, Bruno Wille und den Brüdern Hart. Bölsche und Wille wohnten ab dem Sommer 1889 in Fangschleuse, einem kleinen Dorf bei Erkner, wo auch der Maler Hugo Ernst Schmidt, ein Freund Hauptmanns, lebte; Gerhart Hauptmann besuchte sie dort, wie er später auch nach Friedrichshagen fuhr, wo sich Bölsche, Wille und danach die Brüder Hart im Sommer 1890 niederließen.

Um die Jahreswende 1888/89 reiste Hauptmann mit seiner Familie nach Hamburg; erst am 17.3.1889 kehrten alle zurück. Dazwischen war er vom 17.1. bis zum 24.1.1889 allein in Berlin. Im Kalender hielt er am 24.1.1889 fest: „Nach interessanten Tagen in Hamburg wieder eingetroffen. Mit Holz, Schlaf und Schmeo [Hugo Ernst Schmidt] jeden Tag zusammen gewesen"[26]. Holz und Schlaf lasen ihm in Berlin aus dem noch nicht publizierten „Papa Hamlet" vor[27]. Am 8.2.1889 erhielt er die Erstausgabe dieses Buches gesandt[28]. Es enthielt stilistisch Anregendes für das Drama „Vor Sonnenaufgang", das der Dichter im Hochsommer 1889 Wilhelm Bölsche und Bruno Wille vorlas[29].

Welches Bild bot der literarische Naturalismus in Deutschland, als Gerhart Hauptmann der Durchbruch gelang? Was vermochte ihm – zusätzlich zu den großen ausländischen Autoren wie Ibsen, Tolstoj und Zola – nachhaltige Anregungen zu schenken und ihn zu beflügeln, sich vom epigonenhaften Dichten zu lösen?

Die erwähnte Novellen-Sammlung „Papa Hamlet" (1889) von Arno Holz und Johannes Schlaf, unter dem Pseudonym Bjarne P. Holmsen veröffentlicht, brachte etwas für den Naturalismus Wichtiges: den sog. Sekundenstil mit seiner minuziösen Zeichnung von Eindrücken. Die Skizzen bestanden vor allem aus Dialogen, worin sich die Nähe zum naturalistischen Drama noch stärker zeigte als in der allgemeinen Betonung des Akustischen (Wörter werden durch verschiedene Sprecher in unterschiedlichen Situationen abgewandelt). – Anregendes sollte ein Jahr später durch das Prosa-Drama „Familie Selicke“ (1890) von Arno Holz und Johannes Schlaf folgen, das G. Hauptmann am 2. 2. 1890 las[30]. Der Einakter war reine Zustandsschilderung. Inhaltliche Parallelen bestanden zu Hauptmanns Drama „Das Friedensfest“ (1890), das schon am 24. 12. 1889 abgeschlossen worden war. Düsteres stand – wie so oft im Naturalismus – im Mittelpunkt: die Weihnachtsnacht einer ins Elend gekommenen Kleinbürgerfamilie. Auch der Tod des jüngsten Kindes führt die Eltern nicht zusammen. Obwohl die Tochter ihr künftiges Glück für die Eltern opfert, ist die Zukunft in tiefes Dunkel getaucht.

Die beiden erwähnten Werke waren gewiß geeignet, einen jungen Dichter anzuregen, der gerade in Novelle („Bahnwärter Thiel“, 1888) und Drama („Vor Sonnenaufgang“, 1889) am nachhaltigsten für den Durchbruch des Neuen in Deutschland gesorgt hatte. Nach 1890 ging der Schlesier seinen eigenen Weg, und der Erfolgreiche war auf Impulse von anderen nicht mehr in dem Maße angewiesen wie vorher.

Gerhart Hauptmanns Leistung kann man nur dann voll würdigen, wenn man das betrachtet, was der Naturalismus in Deutschland vor diesem Durchbruch hervorgebracht hatte. Schon 1884 erschien die Lyrik-Anthologie „Moderne Dichtercharaktere“, die – im Unterschied zu Arno Holz' „Phantasus“ (1898) – formal eher traditionell war, aber durch ihren Stoff auf den Naturalismus verwies: Not und Elend des Proletariats, Hinterhausmilieu, Dirnen u. a. Diese Programmlyrik wichtiger Autoren (z. B. Wilhelm Arent, Heinrich und Julius Hart, Oskar Lincke, Otto Erich Hartleben, Arno Holz, Karl Henckell, Hugo Kralik, Ernst von Wildenbruch, Hermann Conradi) war von nachhaltiger Wirkung. – Details und stimmungsvolle Bilder vom Leben in der Großstadt brachte Arno Holz' Gedichtsammlung „Das Buch der Zeit“ (1885). Thematisch von Bedeutung war insbesondere der Blick auf die Diskrepanz zwischen Besitzenden und Armen. – Die Eigenart der Dichtung dieser Zeit, eher das Häßliche als das Schöne zu betrachten, zeigte in stärkerem Maße Michael Georg Conrads Roman „Was die Isar rauscht“ (1887), der in das Schwabinger Künstlermilieu führte. Formal interessant war, daß Conrad Skizzen und Szenen aneinanderreihte. Naturalistisch im üblichen Sinne war das Buch aber noch nicht, was man auch von

Hermann Sudermanns Roman ,,Frau Sorge" (1887) sagen kann. – Neues brachte eher Max Kretzer mit seinem Roman ,,Meister Timpe" (1888), der in der Gründerzeit in Berlin angesiedelt war. Kretzer griff einen Stoff der Zeit auf: Timpes Handwerksbetrieb wird von den Fabriken ebenso bedroht wie sein Häuschen von der wachsenden Großstadt. – Stofflich durchaus naturalistisch war der ebenfalls 1888 publizierte Roman ,,Größenwahn" von Karl Bleibtreu, der unter dem Einfluß Zolas und Michael Georg Conrads stand. Er zeigte die Großstadtboheme und ihre vermeintlichen Probleme. Das Milieu (Kaffeehaus, Kneipe, Salon) wurde wirklichkeitsgetreu eingefangen. Freizügig erörterte dieser Roman aktuelle Fragen, z.B. Sexuelles. Offen übte er Kritik am geistigen Leben; so war das Werk ein Schlüsselroman, der den Kreis um die Brüder Hart kritisierte.

Im selben Jahr (1888) erschien in der Zeitschrift ,,Die Gesellschaft" Gerhart Hauptmanns ,,Bahnwärter Thiel", schon ein Jahr zuvor in der Zeitschrift ,,Siegfried" sein ,,Fasching", eine als ,,Studie" bezeichnete Novelle. Deutsche Naturalisten hatten den Dichter bis 1887 kaum angeregt; es fehlte zwar, wie angedeutet, nicht an literarischen Versuchen, doch war eine überzeugende Gesamtleistung noch nicht zu finden. Gerhart Hauptmann blieb es vorbehalten, die ersten Meisterwerke des jungen Naturalismus zu schreiben.

Naturalistische Dramen G. Hauptmanns (Übersicht)

Gerhart Hauptmanns naturalistisches Erstlingsdrama ,,Vor Sonnenaufgang" wurde – wie das Schauspiel ,,Die Weber" – schon 1888 konzipiert: ,,In Zürich regte sich bereits sein embryonales Leben zugleich mit dem eines Bauerndramas, dem ich den Titel ,Der Säemann' zu geben gedachte" (CA VII, 1078). Die Stoffwahl erleichterte es ihm, auf dem Gebiet der Dichtkunst ausgetretene Pfade zu verlassen und, mancherlei Anregungen aufgreifend, eine neue Gestaltungsweise zu versuchen: ,,Jetzt aber hatte ich plötzlich die Kühnheit, nach allem Profanen, Humus- und Düngerartigen um mich zu greifen, das ich bisher nicht gesehen, weil ich es nicht für würdig erachtet hatte, in den Bereich der Dichtkunst einzugehen. (...) als ich ,Die Macht der Finsternis' von Leo Tolstoi gelesen hatte, erkannte ich den Mann, der im Bodenständigen (...) begonnen" (CA VII, 1076)[31]. Zu den vielen Anregungen, die Hauptmann verwertete, gehörte die Sammlung ,,Papa Hamlet" von A. Holz und J. Schlaf. ,,Vor Sonnenaufgang" war im Juni 1889 fertig. Die Uraufführung erfolgte am 20. 10. 1889 durch den „Verein Freie Bühne“ im Lessingtheater zu Berlin (Theodor Fontane hatte Otto Brahm, dem Leiter der Bühne, das Werk empfohlen). Hauptmanns „Soziales Drama“ löste einen Skandal aus, begründete aber zugleich den Ruhm des Dichters. Diese Tragödie, im Waldenburger Kohlenrevier angesiedelt, ließ Hauptmanns deterministische Weltanschauung erkennen. Niemand – weder die entarteten Parvenüs und die versklavten Arbeiter noch Alfred Loth, der Idealist und Agitator – kann sich von der „Fügung“ lösen. Loth verläßt, mit dem Vererbungsproblem konfrontiert, Helene Krause, die Tochter eines heruntergekommenen Bauerngutsbesitzers; sie gibt sich darauf selbst den Tod.

„Vor Sonnenaufgang“ zeigte in vielem typische Kennzeichen des neuen Dramentyps. Am stärksten wirkte Hauptmanns Milieudarstellung der Menschen im niederschlesischen Kohlenrevier bei Waldenburg. Naturalistisch wurde auch die Sprache dieses Gebietes festgehalten, die dem Dichter von Jugend auf vertraut war; theoretische Forderungen und poetische Anregungen waren auf fruchtbaren Boden gefallen.

Schon wenige Monate nach „Vor Sonnenaufgang“ hatte Hauptmanns nächstes Drama seine Uraufführung (1. 6. 1890, „Verein Freie Bühne“, Ostendtheater, Berlin): „Das Friedensfest“ (CA I, 99–165). Diese „Familienkatastrophe“ – so der Untertitel – entstand 1889, sollte ursprünglich „Der Vater“ heißen, erhielt aber „ironischerweise den Titel ‚Das Friedensfest‘“ (CA XI, 502). Hauptmann schilderte hier, unter dem Einfluß von Ibsens „Gespenstern“, eine Familie in ihrem Haß und Verfall (der Stoff stammte aus Frank Wedekinds Familiengeschichte). Während K. S. Guthke meint, das Werk sei eine „unausgesprochene Auseinandersetzung mit dem Hauptdogma der naturalistischen Ideologie“, der Determination durch Anlage und Umwelt, weist Neville E. Alexander gerade auf naturalistische Elemente hin: die Gestaltung der Sprache, mimische und gestische Mittel sowie einzelne herausgehobene Szenen[32]. Naturalistisches lag insbesondere darin, daß Hauptmann im Grunde eine Zustandsschilderung versuchte. Ein Skandal blieb bei diesem Stück aus, weil der Dichter so brisante Themen wie „Alkoholismus“, „Vererbung“ und „Sozialismus“ nicht wieder aufgriff.

Konsequent ging der Schlesier seinen Weg als Dramatiker weiter. Schon am 11. 1. 1891 wurde das Drama „Einsame Menschen“ (CA

I, 167–258) uraufgeführt („Verein Freie Bühne", Residenztheater, Berlin), das 1890 innerhalb weniger Monate entstand und erst „Martin und Martha" oder „Das Wunschkind" heißen sollte[33]. Die Grundsituation – das Motiv des Mannes zwischen zwei Frauen – stammte aus Hauptmanns Familie; sein Bruder Carl dachte an Scheidung von seiner Frau Martha, als er in Zürich eine polnische Studentin kennengelernt hatte[34]. Mannigfaltig waren auch andere Vorbilder und Anregungen, was der autobiographischen Schrift „Zweites Vierteljahrhundert" zu entnehmen ist[35]. Die Hauptgestalt des Dramas, der unter Ernst Haeckels Einfluß stehende Johannes Vockerath, wird zum Selbstmord getrieben, weil er sich von seinen Mitmenschen nicht verstanden fühlt und merkt, daß er die Enge überkommener Anschauungen nicht zu verlassen vermag. Unter dem Einfluß Ibsens („Rosmersholm") entstand hier ein Werk, das Probleme der Zeit (Wissenschaftsglaube und christlicher Glaube, Frauenemanzipation, Dreiecksbeziehung u.a.) aufgriff, ohne Anstoß zu erregen. G. Hauptmann bot dabei, wie S. Hoefert zu Recht hervorhebt, „nicht mehr eine der Wirklichkeit abgelauschte Nachzeichnung eines interessanten Einzelfalls, sondern das Abbild eines Typs, der unter den Generationsgenossen des Autors oftmals zu finden war: den des Geistesmenschen, der das Neue verwirklichen wollte, aber im Herkömmlichen noch zu befangen war, um sich davon lösen zu können"[36]. Auch dieses Drama wies sich nicht nur durch seinen Inhalt, sondern auch durch die sprachliche Gestaltung und „die kunstvolle Verwendung des mimisch-gestischen Elements" (Hoefert)[37] als naturalistisch aus.

Die am 16.1.1892 uraufgeführte, 1891 entstandene Komödie „Kollege Crampton" (CA I, 259–318) war das erste Künstlerdrama Gerhart Hauptmanns, angeregt durch die Breslauer Kunstschul-Zeit und Professor James Marshall[38]. Dieses Werk, das prächtige Charakterzeichnungen bietet, war für die Entwicklung von Hauptmanns naturalistischem Dramenschaffen ohne größere Bedeutung und kann hier außer Betracht bleiben.

Starke Beachtung verdient hingegen das Schauspiel „Die Weber" (CA I, 319–479), das in seiner Konzeption bis 1888 zurückreicht und am 26.2.1893 uraufgeführt wurde („Verein Freie Bühne", Neues Theater, Berlin). Über Entstehung, Thematik und Gestaltung gibt ein Kapitel des vorliegenden Buches ausführlich Auskunft.

Der Tragödie folgte eine Komödie: ,,Der Biberpelz" (CA I, 481–542). Sie entstand 1892/93 und hatte am 21.9.1893 Premiere (Deutsches Theater, Berlin). Der landschaftliche Hintergrund war in diesem Werk im Unterschied zu den ,,Webern" nicht Schlesien, sondern die Mark Brandenburg. Anregungen waren persönliche Eindrücke, die Hauptmann in seiner Erkner-Zeit (von 1885 bis 1889 war Erkner sein fester Wohnsitz) empfing. 1937 schrieb der Dichter in den ,,Einleitenden Worten zum ‚Biberpelz'-Film": ,,Die Komödie ‚Der Biberpelz' ist ganz ein Kind der märkischen Erde. Ohne die weiten Seen und Kiefernforsten des märkischen Sandes ist sie nicht zu denken. (...) Alle Gestalten des ‚Biberpelz' habe ich in Erkner kennengelernt" (CA XI, 1157). Dennoch war Hauptmanns naturalistisches Drama nicht eine unverfälschte Wiedergabe der Wirklichkeit; zum einen wurde der Ort der Handlung ,,in größere Nachbarschaft zur Reichshauptstadt" gebracht[39], zum anderen wurden die Personen und ihr Handeln abgeändert, da die Vorbilder alle noch lebten. Dichtung und Wirklichkeit werden in dem Buch ,,Gerhart Hauptmann und Erkner" von W. Requardt und M. Machatzke intensiv untersucht[40]. Vorbilder für die Gestalten der Dichtung waren u. a.: die Waschfrau Marie Heinze (Frau Wolff), der Rentier Nicolaus Lassen (Rentier Krüger), Hermann Haché (Motes), der Amtsvorsteher Oscar von Busse (Wehrhahn) und Hauptmann selbst (Dr. Fleischer). Die zur Zeit des Septennatskampfes (1887) ,,irgendwo um Berlin" (CA I, 483) angesiedelte Komödie, zu deren Personen und Motiven sich der Dichter auch in der Schrift ,,Das Abenteuer meiner Jugend" äußerte (CA VII, 1044), zeigte, daß ein Delikt (Pelzdiebstahl) wegen der Blindheit der Obrigkeit, die lieber politisch ,,Verdächtigen" nachspürt, nicht aufgedeckt wird. Hauptmann bot, der naturalistischen Poetik folgend, nur einen Ausschnitt aus der Wirklichkeit. Seine Komödie, eine Satire auf den Untertanengeist und die Überheblichkeit der Obrigkeit, ließ auch andere naturalistische Elemente erkennen, z. B. das Berliner Vorstadtmilieu. Am stärksten wurde die Wirklichkeit aber in den Personen und in ihrer Sprache wiedergegeben. Die Charaktere wurde differenziert gestaltet, und auch die Sprache, vom reinen Dialekt bis zum Hoch- und Amtsdeutschen reichend, gab Nuancen wieder; Hauptmanns besondere Aufmerksamkeit galt dabei seiner Hauptgestalt, der Mutter Wolffen.

Zusammen mit dem Schauspiel ,,Die Weber" stellte die Komödie

„Der Biberpelz" den Höhepunkt in Hauptmanns naturalistischem Schaffen dar. Ein Verlassen dieser Arbeitsweise ließ schon „Hanneles Himmelfahrt", eine „Traumdichtung", 1893 entstanden, erkennen.

Gerade an einem historischen Drama vermag man zu zeigen, daß die naturalistische Gestaltung eines Stoffes nun nicht mehr die einzige Arbeitsweise war. Im Jahre 1891, also während der Entstehung der „Weber", wurde Hauptmann zu „Florian Geyer" angeregt[41]. 1892 unternahm er eine Studienreise nach Franken, wo er die im Bauernkrieg wichtigen Orte aufsuchte. Der erste (noch epische) Entwurf des Dramas, der sich an W. Zimmermanns Darstellung anlehnte, entstand aber erst im Juni 1894. Im selben Jahr reiste Hauptmann zum zweiten Mal nach Franken und vertiefte sich nach der Rückkehr intensiv in die einschlägige Literatur. Das Material wuchs zu so großer Fülle an, daß sich der Dichter etwa im Mai 1895 dazu entschloß, eine Dilogie zu gestalten. Im ersten Teil wollte Hauptmann schildern, wie Geyer auf die Seite der Bauern trat. Dabei handelte es sich nun durchweg um eine phantasievolle Gestaltung des Vorlebens Geyers. Auch die endgültige Fassung des Stoffes, das Drama „Florian Geyer" (CA I, 585–710), das 1894–1895 entstand und am 4.1.1896 im Deutschen Theater Berlin uraufgeführt wurde, zeigte keineswegs eine unveränderte Wirklichkeit; einschlägige Untersuchungen[42] beweisen das. Während der Dichter für sein Werk, das in manchen Zügen ein naturalistisches Drama war (Rolle des Milieus, deterministische Haltung, historische Details, breite Zustandsschilderung, lange Diskussionen), den zeitgenössischen Quellen nur verschiedene Einzelheiten über den Verlauf des Aufstandes der Bauern und viele Namen entlehnte, wobei er sich weit stärker als in den „Webern" dichterische Freiheiten einräumte, schloß er sich in der Auffassung vom Wesen des Bauernkrieges eng an Zimmermann an und ging über den Historiker noch hinaus, indem er Florian Geyer, der keineswegs eine beherrschende Rolle gespielt hatte, in den Mittelpunkt rückte. – Es war Hauptmanns Absicht, die Sprache der „Tragödie des Bauernkrieges" naturalistisch zu gestalten. So wollte er mit Hilfe von Quellen die Sprache des 16. Jahrhunderts zu neuem Leben erwecken. Er übernahm viele Ausdrücke und Wendungen seiner Quellen, verwendete aber weitgehend die moderne Syntax. Hauptmann verließ das 16. Jahrhundert, als er Bücher des Barockzeitalters als Quellen heranzog. Da der

Dichter überdies im Jahre 1884 für kurze Zeit plante, das Drama in Versen abzufassen[43], kann man sehen, daß er sich auch auf sprachlichem Gebiet von der naturalistischen Forderung, das Leben müsse unverfälscht wiedergegeben werden, löste.

Die kommenden Dramen ließen deutlich erkennen, daß sich Hauptmann immer stärker von der naturalistischen Schaffensweise entfernte. Das Drama „Elga“ (CA I, 711–755), 1896 entstanden, war eine Dramatisierung der Grillparzer-Novelle „Das Kloster bei Sendomir“ und zeigte Hauptmanns Interesse für die Psyche von Mann und Frau; gleichzeitig griff er auf das Traumhafte zurück, das an „Hanneles Himmelfahrt“ anknüpfte.

„Ein deutsches Märchendrama“ war das folgende Werk: „Die versunkene Glocke“ (CA I, 757–869).

Erst das Schauspiel „Fuhrmann Henschel“ (CA I, 871–1005), 1897–1898 entstanden und am 5.11.1898 uraufgeführt (Deutsches Theater, Berlin), setzte die Werke der naturalistischen Schaffensphase fort. Für dieses Drama ist keine der üblichen Anregungen zu nennen. Hauptmann, der schon im August 1890 die Schönheit seiner Heimat wiederentdeckt hatte, ab April 1891 immer wieder in Schreiberhau lebte und schon bald, nämlich am 10.8.1901, den „Wiesenstein“ bezog und damit sein Hauptdomizil nach Agnetendorf im Riesengebirge verlegte, gab hier schlesische Menschen und ihr Wesen wieder. Zu C. F. W. Behl sagte er im Jahre 1943 dazu: „Mein sogenannter Naturalismus war in Wirklichkeit ja nur eine Rückkehr zum Natürlichen, Volksmäßigen. Wie wir neulich in Hirschberg erlebt haben, können schon die einfachsten Agnetendorfer Bauern meinen ‚Fuhrmann Henschel‘ recht gut spielen. Sie spielen eben sich selbst. Die Abseitigkeit ist ein Erzübel in der deutschen Dichtung“[44]. Mit Recht spricht R. C. Cowen vom „schlesischen Milieu des Stückes“ und hebt die „Betonung des Heimisch-Mystischen“[45] hervor. Die Rückkehr zur naturalistischen Technik wurde besonders durch die sprachliche Gestaltung des „Fuhrmann Henschel“ dokumentiert; die Urfassung zeigte gebirgsschlesischen Dialekt[46].

Eine Zwitterstellung nimmt die Tragikomödie „Der rote Hahn“ (CA II, 9–74), 1900–1901 entstanden, ein. Einerseits gehört diese Fortsetzung der Komödie „Der Biberpelz“ zu den sozialen Dramen der naturalistischen Schaffensperiode, z.B. „Vor Sonnenaufgang“, „Die Weber“ und „Fuhrmann Henschel“, die man tragische Milieustücke nennen könnte. Andererseits sollte man nicht übersehen, daß zur selben Zeit ,,Der arme Heinrich" (1897; 1899–1902), ,,Michael Kramer" (1900) und ,,Veland" (seit 1898 in Arbeit, erst 1923 beendet) entstanden. ,,Der rote Hahn" zeigte Züge, welche die naturalistische Dramentechnik Hauptmanns weit hinter sich ließen und neue Möglichkeiten aufgriffen. Konnte man es eigentlich noch als sozialkritisches Engagement im Sinne des Naturalismus empfinden, wenn hier die verwitwete Frau Wolff und jetzige Frau Fielitz zur (unglaubwürdigen) Verbrecherin wurde? Ein fiktives Bild der Wirklichkeit wurde hier nicht geboten, wohl aber ein Phantasiegebilde mit satirischen Zügen! In der Forschung wurde jedoch vor allem die gesellschaftlich-soziale Seite des Werkes betont. Das Drama stand darin in der naturalistischen Tradition; es wurde mit der Komödie ,,Der Biberpelz" verglichen und als schwächer empfunden, obwohl es Zeitkritisches und Satirisches in nicht geringem Maße enthielt. Die Mutter Wolffen, eine der köstlichsten Gestalten der deutschen Literatur, hatte sich negativ entwickelt. Unzufrieden konnte man auch mit dem Schluß sein. Blieb schon die Komödie ,,Der Biberpelz" am Ende offen, so endete ,,Der rote Hahn" für manche Kritiker völlig unbefriedigend, da die Moral keinen Sieg davontrug.

Erst mit dem Schauspiel ,,Rose Bernd" (CA II, 183–259), 1903 entstanden, am 31. 10. 1903 uraufgeführt (Deutsches Theater, Berlin), knüpfte Gerhart Hauptmann voll an seine naturalistische Schaffensphase an.

Nach ,,Rose Bernd" wurde deutlich, wie sehr sich die Arbeitsweise des Dichters inzwischen geändert hatte. ,,Und Pippa tanzt!" (1905 entstanden) nannte Hauptmann im Untertitel ,,Ein Glashüttenmärchen". Gar nicht naturalistisch waren auch das Lustspiel ,,Die Jungfern vom Bischofsberg" (1904–1906 entstanden), ,,Kaiser Karls Geisel" (,,Ein Legendenspiel", 1906–1907 geschrieben), das Lustspiel ,,Griselda" (1908 entstanden) und die Tragikomödie ,,Peter Brauer" (1908, 1910 in Arbeit).

Das letzte große Drama der naturalistischen Schaffensphase wurde ,,Die Ratten" (CA II, 731–831); G. Hauptmann nannte dieses bedeutende Werk eine ,,Berliner Tragikomödie". Das 1910 beendete, am 13. 1. 1911 uraufgeführte (Lessingtheater, Berlin) Drama wird – wie ,,Rose Bernd" – in einem Kapitel des vorliegenden Buches näher untersucht.

Nach dieser Tragikomödie schrieb Gerhart Hauptmann kein Drama mehr, das man ,,naturalistisch" nennen könnte; er hatte sich endgültig von einer ihn jetzt mehr und mehr einengenden, seine Entwicklung hemmenden Arbeitsweise getrennt. Allenfalls könnte man davon sprechen, daß die 1910 abgeschlossene naturalistische Schaffensphase einen realistischen Ausklang hatte. Zu ihm gehören vor allem das Schauspiel ,,Dorothea Angermann" (1925 entstanden, am 20. 11. 1926 uraufgeführt) und das Drama ,,Vor Sonnenuntergang" (Entstehungszeit: 1928, 1931; Uraufführung: 16. 2. 1932).

Realistische Werke aus dem Nachlaß G. Hauptmanns sind ,,Christiane Lawrenz" und ,,Herbert Engelmann". Das Drama ,,Christiane Lawrenz" (CA VIII, 243–320) entstand von 1905 bis 1907, doch liegt der erste Ansatz wahrscheinlich früher. Das erst 1963 in der Centenar-Ausgabe gedruckte Werk wurde bislang weder aufgeführt noch in einer Einzelabhandlung gewürdigt. – Das Drama ,,Herbert Engelmann", das ein Heimkehrerschicksal in den Mittelpunkt stellt, entstand in den Jahren 1924, 1928 und 1941. In der Fassung von Carl Zuckmayer wurde das Werk 1952 erstmals gedruckt, in der Originalfassung erst 1963 (CA VIII, 321–393). Die Zuckmayer-Fassung wurde am 8. 3. 1952 uraufgeführt (Akademietheater, Wien), die Urfassung am 12. 11. 1962 (Theater Putbus/Rügen).

Während die naturalistischen Werke (besonders die frühen) des öfteren in der wissenschaftlichen Literatur Beachtung fanden, sind die abgeschlossenen realistischen Werke aus dem Nachlaß bislang keineswegs voll erschlossen worden; ihnen geht es damit so wie vielen Fragmenten aus dem Nachlaß Hauptmanns. Es zeigt sich auch in der Forschung, was das Theater seit langem unter Beweis stellt: das Bekannte und Bewährte ist von großem Reiz, während es viele ungehobene Schätze gibt, die eine weit schwächere Anziehungskraft haben.

Das Erwähnte gilt auch für Werke der naturalistischen Schaffensphase des Dichters, wenn man Universität und Gymnasium betrachtet. ,,Die Weber" und ,,Der Biberpelz" stehen, wenn Hauptmann überhaupt Beachtung findet, im Mittelpunkt des Interesses; andere Werke, z. B. ,,Rose Bernd" und ,,Die Ratten", werden seltener gewürdigt. So kann das vorliegende Buch zweierlei tun, wenn es die Dramen ,,Die Weber", ,,Rose Bernd" und ,,Die Ratten" nacheinander betrachtet: es kann der Wertschätzung der ,,Weber" Rechnung tragen und gleichzeitig einen neuen Impuls vermitteln, auch andere bedeutende Werke der naturalistischen Schaffensphase Gerhart Hauptmanns intensiver zu untersuchen.

„Die Weber" (1892)

1. Entstehung und Thematik

Den Plan zu einem ,,Weber"-Drama faßte G. Hauptmann, wie schon erwähnt, 1888 in Zürich. Über den Stoff und das dramatische Vorhaben schreibt der Dichter in ,,Das Abenteuer meiner Jugend": ,,In und um Zürich blühte damals noch, und zwar seit dreihundert Jahren, die Seidenweberei. An den Stühlen saßen Handweber. An dem Hüttchen eines von ihnen ging ich mehrmals die Woche vorbei, wenn ich die Psychiatrische Klinik in der Irrenanstalt Burghölzli besuchte. Das Wuchten des Webstuhles hörte man durch die Wand dringen. Und eines sonnigen Morgens, erinnere ich mich, überfiel mich bei diesem Geräusch der Gedanke: du bist berufen, ,,Die Weber" zu schreiben (...)" (CA VII, 1078). Erst nach der Erkner-Zeit begannen die Vorarbeiten zu den ,,Webern", und zwar im Frühjahr 1890, als Hauptmann in Charlottenburg lebte[47]. Die eigentliche Arbeit fiel in die Jahre 1891 und 1892. ,,De Waber", die Dialektfassung, wurde Ende 1891 abgeschlossen und am 20. 2. 1892 dem Berliner Polizeipräsidenten zur Aufführungsgenehmigung eingereicht. Am 3. März wurde die öffentliche Aufführung verboten. Die Begründung lautete:

> ,,In ordnungspolizeilicher Richtung geben zu erheblichen Bedenken Anlaß: a) Die geradezu zum Klassenhaß aufreizende Schilderung der Charaktere der Fabrikanten im Gegensatz zu denjenigen der Handweber im 1. und 4. Akt, b) die Deklamation des Weberliedes im 2. Akt und am Ende des 3. Aktes, c) die Plünderung bei Dreißiger im 4. Akt und d) die Schilderung des Aufstandes im 4. und 5. Akt. Es steht zu befürchten, daß die kraftvollen Schilderungen des Dramas, die zweifellos durch die schauspielerische Darstellung erheblich an Leben und Eindruck gewinnen würden, in der Tagespresse mit Enthusiasmus besprochen, einen Anziehungspunkt für den zu Demonstrationen geneigten sozialdemokratischen Theil der Bevölkerung Berlins bieten würde, für deren Lehren und Klagen über die Ausbeutung und Ausnutzung des Arbeiters durch den Fabrikanten das Stück durch seine einseitige tendenziöse Charakterisierung hervorragende Propaganda macht"[48].

Das umstrittene Werk erschien als Einzelausgabe 1892 im Verlag S. Fischer, Berlin. – Schon am 2.3.1892 wurde die dem Hochdeutschen angenäherte zweite Fassung der ,,Waber" fertig: ,,Die Weber" (Einzelausgabe: 1892 bei S. Fischer). Das ,,Schauspiel aus den vierziger Jahren" wurde am 22.12.1892 erneut eingereicht (zweite Fassung), doch kam am 4.1.1893 wiederum ein Verbot von seiten des Polizeipräsidenten von Berlin. Die Uraufführung der ,,Weber" erfolgte am 26.2.1893 durch den Verein ,,Freie Bühne" im Neuen Theater zu Berlin; Rudolf Rittner spielte den Moritz Jäger, Joseph Kainz den Roten Bäcker. Das Werk trat damit seinen Siegeszug an[49].

Die Stoffwahl war für den Naturalisten Hauptmann bezeichnend. Nicht mit einem zeitlich oder örtlich fernen Ereignis beschäftigte er sich, sondern mit einer vor noch nicht einmal fünfzig Jahren geschehenen Begebenheit in seiner Heimat.

Der Weber-Aufstand begann am 4. Juni 1844 am Fuße des schlesischen Eulengebirges. In der ,,Allgemeinen Zeitung" (Augsburg) vom 12.6.1844 war zu lesen: ,,Aus Schlesien, 4. Jun. So eben hat ein Haufen Weber aus Peterswaldau, Langenbielau und der Umgegend in Peterswaldau (...) die Gebäude und Vorräthe des Fabricanten Zwanziger niedergerissen und zerstört. Die Familie des Zwanziger ist auf das Schloß des Grafen Stolberg geflüchtet. Das angemessene Einschreiten der Prediger Schneider und Knüttel hat vorläufig weiteren Unfug gehemmt, wozu Geldaustheilung des Fabricanten Wagenknecht, der sein Haus nur durch diese bewahrt hat, beigetragen haben mögen. Es ist Militär aus Schweidnitz verlangt, das jeden Augenblick erwartet wird"[50].

Die Weber bäumten sich auf, weil ihre Existenz bedroht war. Nach der Überlieferung wurde das Aufbegehren der Weber am 4.6.1844 zum offenen Angriff auf Zwanziger, weil der Fabrikant am Vortage einen der Sänger des Liedes ,,Das Blutgericht" der Ortspolizei übergeben hatte. Zwanzigers Wohn- und Fabrikgebäude wurden beschädigt. Am 5.6. weitete sich der Aufstand aus. In Langenbielau richtete sich der Sturm der Entrüstung insbesondere gegen den Fabrikbesitzer Dierig. Allenthalben wurde zerstört und geplündert. Die Obrigkeit antwortete mit massiver Gewalt. Es wurden Truppen ins Weber-Gebiet entsandt, die am 5. und 6. Juni 1844 den Aufstand blutig niederschlugen.

Am 8.6. forderte v. Kehler, der ,,Commissarius der königlichen Regierung zu Breslau", die Bevölkerung auf, alles Geplünderte wieder abzugeben; die Ortsgerichte wurden angehalten, eine strenge Untersuchung durchzuführen[51]. Bald war eine Art Friedhofsruhe in den Dörfern eingekehrt; schlimmer als der materielle Schaden war die Tatsache, daß die Not nicht behoben war. Das schreckliche Geschehen im Juni 1844 machten nicht nur Journalisten in ganz Deutschland und darüber hinaus bekannt. Etliche Dichter und Schriftsteller nahmen sich des Stoffes an. Am bekanntesten wurde wohl das Gedicht „Die schlesischen Weber" von Heinrich Heine, das Gerhart Hauptmann eine starke Anregung schenkte. Weitere literarische Zeugnisse, ebenfalls in dem von Hans Schwab-Felisch herausgegebenen Buch „Gerhart Hauptmann: Die Weber. Dichtung und Wirklichkeit" abgedruckt[52], sind: „Aus dem schlesischen Gebirge" von Ferdinand Freiligrath, „Der alte Weber" von Hermann Püttmann, „Die Weber" von Georg Weerth und „Der Leineweber" von Ludwig Pfau. – Zu den Autoren, die ebenfalls den „Weber"-Stoff behandelten, gehörte auch Karl May mit seinem Roman „Das Buschgespenst".

Die Beziehungen des Schlesiers zu seinem Gegenstand waren tiefer, als es die zitierten Anmerkungen in „Das Abenteuer meiner Jugend" erkennen lassen. Die Widmung zur zweiten Fassung des Werkes lautete: „Meinem Vater Robert Hauptmann widme ich dieses Drama. Wenn ich Dir, lieber Vater, dieses Drama zuschreibe, so geschieht es aus Gefühlen heraus, die Du kennst und die an dieser Stelle zu zerlegen keine Nötigung besteht. Deine Erzählung vom Großvater, der in jungen Jahren, ein armer Weber, wie die Geschilderten hinterm Webstuhl gesessen, ist der Keim meiner Dichtung geworden, die, ob sie nun lebenskräftig oder morsch im Innern sein mag, doch das Beste ist, was ein ‚armer Mann wie Hamlet ist' zu geben hat. Dein Gerhart" (5). Hauptmann spielte hier auf seinen Großvater und dessen Schicksal an. Carl Ehrenfried Hauptmann (1793–1859), der aus Warmbrunn stammte, war in seiner Jugend Weber; nach den Freiheitskriegen wurde er Gastwirt, 1839 übernahm er das Hotel „Die Krone" in Ober-Salzbrunn. Gerhart Hauptmann war mit dem Wissen um die Weber-Not groß geworden; die persönliche Nähe zum Leid einer gequälten Menschengruppe gab seinem Drama „De Waber"/„Die Weber" die Prägung, die nur wirkliches Engagement verleiht.

2. Gestaltung

2.1. Historische Studien und Auswertung der Quellen

Eine genaue Schilderung der furchtbaren Not in den vierziger Jahren fand Hauptmann bei den Vorarbeiten zum „Weber"-Drama in seiner Hauptquelle, Alfred Zimmermanns Buch über „Blüthe und Verfall des Leinengewerbes in Schlesien"[53]. Daneben zog er viele andere Quellen heran, wie u. a. das Buch „Gerhart Hauptmanns ‚Weber'. Eine Dokumentation", 1981 von Helmut Praschek herausgegeben, zeigt[54].

Da es bis 1891 nicht gelungen war, die Mißstände völlig zu beseitigen[55], lernte der Dichter bei seinen zwei Studienreisen ins Weber-Gebiet das Elend der im Leinengewerbe tätigen Bevölkerung persönlich kennen. Ende Februar/Anfang März 1891 suchte er mit dem Redakteur Max Baginski Langenbielau, Steinseifersdorf und Kaschbach auf. Im April 1891 reiste er erneut ins Eulengebirge; dieses Mal war er u. a. in Peterswaldau und in Langenbielau. Mit den Ereignissen des Jahres 1844 wurde Hauptmann während der zweiten Reise durch mündliche Überlieferung bekannt, denn er konnte in Peterswaldau mit Augenzeugen sprechen. Das Zusammentreffen mit Webern war ihm am wichtigsten; daneben studierte er für sein naturalistisches Werk intensiv die Örtlichkeit.

Gerhart Hauptmann, der keineswegs der einzige, aber wohl der genaueste Gestalter der Webernot in der Dichtung war, nutzte alle ihm von der Überlieferung gebotenen Möglichkeiten aus, um ein umfassendes Bild der Geschehnisse des Jahres 1844 zu entwerfen.

Die Auswertung der Quellen war naturgemäß ergiebiger als die Lokalstudien im Weber-Gebiet. A. Zimmermanns Buch bot zahlreiche Fakten sowie Namen und den Text (24 Strophen) des Liedes, das den Titel „Das Blutgericht" trug[56]. Wichtig wurde auch der Bericht des Regierungs-Assessors Alexander Schneer „Über die Noth der Leinen-Arbeiter in Schlesien und die Mittel ihr abzuhelfen", Berlin 1844[57]. Nur am Rande sei bemerkt, daß diese Vorlage auch Namen übermittelte (z. B. Ansorge und Hornig). Wichtiger ist, daß Hauptmann hier die genaue Schilderung der Weber-Not fand. Schneer schrieb über die in der Leinenindustrie Beschäftigten (sie hob er von den besser verdienenden Baumwollwebern ab):

„Der Erwerb des Webers steigt gegenwärtig im Allgemeinen von 10 Sgr. bis zu 20 Sgr., der des Flachsspinners von 5 bis 12 Sgr., der des Facken oder Putzelspinners von 2 Sgr. bis höchstens 4 und 5 Sgr.; bei allen drei Classen für die Woche berechnet (...). Zahlen frappiren! nun wohl man wird sich am Leichtesten den Zustand denken können, wenn man erwägt, daß für Hunderte, ja Tausende dieser unglücklichen Familien der tägliche Erwerb von 9 Pf. bis 1 Sgr. 3 Pf., den Mann, Frau und ein Kind erarbeiteten, oft für 6 Köpfe ausreichen soll"[58].

Das Existenzminimum für eine vierköpfige Familie war 1844 etwa 2 Taler, 4 Silbergroschen (= 64 Silbergroschen)! – Die ausgebeuteten Weber zeigten nach Schneer lange Geduld; er zitiert einen Verwalter der Ortspolizei in einem Gebirgsdorfe:

„Die Noth, sagte mir derselbe, hat die Unglücklichen nur deshalb nicht zu allerhand Verbrechen getrieben, weil die lange Gewohnheit des Elends sie körperlich und moralisch deprimiert hat, und es ihnen bereits an der zum Verbrechen nötigen Thatkraft fehlt"[59].

Hier wird deutlich, daß der Funke von außen kommen mußte, wenn die Glut entfacht werden sollte; in Hauptmanns Drama ist es der Reservist Moritz Jäger, der – zusammen mit dem roten Bäcker aus Langenbielau – die Unzufriedenen zur Tat bringt. Im übrigen zeigt Schneers Bericht die Not anhand etlicher Details schlimmer, als es Hauptmann tat; in vielem besteht allerdings eine deutliche Übereinstimmung zwischen der Weber-Not im Bericht und im Drama.

Eine weitere wichtige Quelle des Dichters war „Das Elend und der Aufruhr in Schlesien" (1845) von Wilhelm Wolff[60]. Hier fand Hauptmann nicht nur viele Einzelheiten über die Lage der Leinenweber, sondern auch eine genaue Schilderung des Verlaufs der Revolte. Äußerst plastisch wird hier die Erstürmung von Zwanzigers Haus geschildert[61]. Zwanziger: so hieß der reichste Peterswaldauer Fabrikant in Wirklichkeit, nicht Dreißiger, wie Hauptmann auch aus den Langenbielauer Gebrüdern Dierig Unternehmer namens Dittrich machte; die Verschlüsselung war nötig, weil die Nachkommen am angestammten Ort lebten und wirkten. – Bei Wolff fand Hauptmann schließlich auch viele Einzelheiten über das blutige Ende des Weberaufstands von 1844[62].

Da die in den Vorlagen dargestellten historischen Tatsachen lange Zeit offensichtlich nicht bekannt waren oder das Drama nicht genau mit ihnen verglichen wurde, warf man dem Dichter in der Blütezeit des Reiches, in der man auch die Vergangenheit (die in manchem noch traurige Gegenwart war) in hellerem Lichte sah, Tendenz vor.

Noch viele Jahre nach der mit Mühe erkämpften Uraufführung schied die Frage, ob das Bild des Aufstands und der Not, das Hauptmann in den „Webern" entwarf, der Wahrheit entspreche oder tendenziös sei, die Betrachter. Wilhelm Heise betonte 1923 die Tendenzlosigkeit des Werkes und nannte es in seiner Abhandlung „einen Gipfelpunkt des historischen Dramas überhaupt", weil es die geschichtlichen Tatsachen genau wiedergebe[63]. Paul Fechter lehnte es dagegen 1922 ab, das Werk ein historisches Drama zu nennen, weil „unbewußt ein gut Teil Heutiges in dieses Bild aus deutscher Vergangenheit gekommen" sei[64]. Wenn Fechter in einem 1961 veröffentlichten Essay den Fabrikanten Dreißiger einen „Kapitalistentypus des ‚Vorwärts' und der ‚Leipziger Volkszeitung' Paul Lenschs" nannte[65], so warf er dem Dichter in gewissem Sinne noch immer eine verzeichnende Darstellung vor. Paul Schlenther betonte dagegen schon frühzeitig mit Recht die Objektivität Hauptmanns, als er meinte, im Vergleich mit Zimmermanns Buche komme „sowohl der Fabrikant als auch die Dorfpolizei noch ziemlich gnädig weg" und es finde sich „kein Zeichen der Not, kein Ausdruck der Klage, kein Zustand des Hungers und auch keine Äußerung der Rebellion, die nicht geschichtlich belegt wären"[66].

2.2. *Sprache*

Die autobiographische Schrift „Das Abenteuer meiner Jugend" enthält über die „Weber" und ihre sprachliche Gestaltung folgende Ausführungen: „Ich konnte ‚Die Weber', ich konnte das Bauerndrama[67] schreiben, denn (...) ich beherrschte den Volksdialekt. Ich würde ihn also, war mein Beschluß, in die Literatur einführen. Dabei dachte ich nicht an sogenannte Heimatkunst oder Dichtung, die den Dialekt als Kuriosum benützt und meistens von oben herab humoristisch auswertet, sondern dieser Volkston war mir die natur- und kunstgegebene, dem Hochdeutsch ebenbürtige Ausdrucksform, durch die das große Drama, die Tragödie ebenso wie durch Verse Goethes oder Schillers Gestalt gewinnen konnte. Ich wollte dem Dialekt seine Würde zurückgeben. Man mag entscheiden, ob es geschehen ist" (CA VII, 1079). Gerhart Hauptmann, der hier das Volkstümliche betont, ging es in seiner naturalistischen Schaffensphase auch bei der sprachlichen Gestaltung seiner Dramen vor allem darum, die Realität zu erfassen.

Diese Bindung an den Dialekt war nach Ansicht eines Teils der modernen Forschung nicht nur ein naturalistisches Gestaltungsmittel mit der Absicht, die ,,Sprache des Lebens" (Arno Holz) wiederzugeben. Man meint, die Weber (wie auch andere Gestalten der naturalistischen Literatur) zeigten eine Art ,,restringiertes Sprachverhalten" (die Begriffe ,,restricted code" und ,,elaborated code" führte Basil Bernstein in die Linguistik ein), das den Sprechern keine weitreichenden Reflexionen ermögliche. Wenn man z.B. die Dialoge im 2. Akt der ,,Weber" mit denen am Beginn des 4. Aufzugs vergleicht, kann man diesen Aspekt der modernen Forschung als durchaus beachtenswert betrachten. Auch ein zweiter Gesichtspunkt, der in neueren Untersuchungen eine Rolle spielt, sollte nicht übersehen werden. So findet man in ,,Kindlers Literatur-Lexikon" im Kapitel über G. Hauptmanns ,,Weber" die folgende Passage: ,,Tragik wird nicht mehr im individuellen Sprechen der Einzelperson artikuliert, sondern aus distanzierter epischer Sicht gezeigt, wobei die Verwendung des Dialekts – häufig mißverstanden als Stilmittel einer vordergründigen naturalistischen Mimesis – diesen Abstand sichtbar macht"[68]. Dieser Hinweis ist ebenfalls wichtig, weil er Richtiges erwähnt, das lange nicht hinreichend beachtet wurde; da man von einer ,,vordergründigen" Nachahmung durch den Dichter keineswegs sprechen kann, fällt der hier ebenfalls erkennbare Vorwurf gegenüber früheren Hauptmann-Forschern gar nicht ins Gewicht. – Bei der Bewertung der genannten Aspekte sollte man nicht übersehen, daß für Gerhart Hauptmann diese Gesichtspunkte bei der sprachlichen Gestaltung gewiß nicht im Vordergrund standen; zumindest findet man in dem bislang Publizierten keine entsprechende Äußerung des Dichters. Für ihn war die Wiedergabe der Lebensrealität von allergrößter Bedeutung; die sprachliche Gestaltung war ein zusätzlicher Versuch, die Dichtung ,,wahr" zu machen – entsprechend den Grundsätzen der naturalistischen Theorie.

Die Vertrautheit mit dem gebirgsschlesischen Dialekt und die Tatsache, daß sich die Sprechweise der Menschen in den Weberdörfern seit dem Jahre 1844 im wesentlichen nicht geändert hatte, machten es dem Naturalisten Hauptmann möglich, in seinem Drama ,,De Waber", der ersten Fassung des ,,Weber"-Schauspiels, auch sprachlich ein Abbild der Wirklichkeit zu geben. In der überarbeiteten, dem Hochdeutschen angenäherten Form des Werkes trägt die Sprache noch immer deutliche Züge der gebirgsschlesischen Mundart. Bei einer Betrachtung der Sprechweise der in den „Webern" auftretenden Personen fällt auf, daß sich z. B. Dreißiger des Hochdeutschen bedient, während die Weber den Dialekt benutzen. Wenn Paranjpe (wahrscheinlich in Unkenntnis der Gegebenheiten) diesen Unterschied dahingehend auslegt, daß die Sprache der Weber einen „Zug von Unfreiheit"[69] bedeute, so befindet er sich in einem Irrtum. Zum einen hat mundartliches Sprechen mit Unfreiheit nichts zu tun, auch nichts mit Armut; zum anderen war es in Schlesien bei den auf dem Lande wohnenden Angehörigen des gehobenen Standes nicht üblich, sich des Dialektes zu bedienen. Hauptmann gab in seinem Drama das wieder, was ihm seit seiner Kindheit vertraut war: das stete Nebeneinander von Mundart und Hochdeutsch. Es ist erstaunlich, wie genau der Dichter selbst die kleinen Unterschiede im Gebrauch der Sprache abzuheben wußte. Der Pastor ist gewählter im Ausdruck als Dreißiger. Der Polizeiverwalter spricht das Amtsdeutsch. Frau Dreißiger wird ab und zu rückfällig und bedient sich der Mundart. Der Chirurgus Schmidt nähert seine Sprache dem Hochdeutschen mehr an als der Gendarm Kutsche. Von all denen, die nicht zu den Webern gehören, spricht der Expedient Dreißigers, Pfeifer, am stärksten mundartlich. Die Barchentweber bedienen sich im Schauspiel einer schlichten Sprache, ohne Pathos und Übertreibungen; so mag sie der Dichter auf seinen Studienreisen kennengelernt haben. Von nicht geringem Einfluß auf die sprachliche Gestaltung des Dramas war daneben das Lied vom „Blutgericht", das der Dichter in seiner Hauptquelle, Alfred Zimmermanns Buch „Blüthe und Verfall des Leinengewerbes in Schlesien", fand. Der Dichter nahm nicht nur von den 24 Strophen sieben vollständig in das Schauspiel auf, sondern legte auch mehrfach den Webern ganze Verszeilen oder Bruchstücke davon wörtlich in den Mund. Hans Schwab-Felisch hebt hervor, Hauptmann habe daneben aus Alexander Schneers Bericht „eine ganze Reihe von Wendungen wörtlich übernommen"[70]. Zu den erwähnten Quellen trat noch das, was Gerhart Hauptmann auf seinen Studienreisen aus dem Munde von Webern vernahm. Das Seufzen und Klagen, Stöhnen und Schreien der Weber ist nicht zuletzt deshalb so ergreifend und überzeugend, weil es dem wirklichen Leben entspricht.

3. Struktur

3.1. Der Stoff und seine Gestaltungsmöglichkeiten

Sowohl der historische Gegenstand selbst wie auch das G. Hauptmann in reichem Maße zur Verfügung stehende Quellenmaterial hätten es dem Dichter ermöglicht, den Weber-Stoff in erzählerischer Breite darzustellen. Der Autor faßte aber – im Unterschied zu der späteren Tragödie „Florian Geyer" – nicht den Plan zu einer epischen Gestaltung. Zum Roman fühlte er noch keine Neigung, und eine Novelle war dem Stoff nicht angemessen. So wurde von Anfang an ein Drama konzipiert. Hauptmann wählte, der großen Tragödien-Tradition folgend, für sein Schauspiel „De Waber" die Form eines fünfaktigen Dramas. Es mußte sich freilich die Frage erheben, ob gerade dieser Stoff die Erwartungen an eine Tragödie zu erfüllen vermochte. Die Quellen, die der Dichter wirklichkeitsgetreu auswerten wollte, sprachen von keinem einzelnen „Helden", der sich, für die Sache der Weber kämpfend, gegen einen der Fabrikanten aufzulehnen versuchte und dabei scheitern mußte. Es waren viele, die sich 1844 in ihrer Not erhoben und eine Niederlage erlitten. Hauptmann mußte die Masse selbst zum Helden machen, ein Kollektivschicksal gestalten. Das Ergebnis seiner Bemühungen, ein Drama, das mit der Tradition brach und ein Abgehen von der bisherigen Bühnentechnik darstellte, wurde zwar vielfach gelobt, stieß aber auch auf künstlerisch begründete Kritik.

3.2. Dramatische Eigenheiten des Schauspiels

Schon die ersten Rezensenten stellten die Besonderheiten dieses fünfaktigen Dramas heraus. 1892 wies Wilhelm Bölsche auf die „technischen Merkwürdigkeiten" der „Weber" hin[71]. Im Mittelpunkt der Diskussion stand die Tatsache, daß Hauptmann die Masse zum Helden des Schauspiels gemacht hatte. Sigfrid Hoefert bemerkte dazu 1964 treffend, „daß es keine undifferenzierte Masse ist, die hier zum Kollektivhelden wird, sondern daß Hauptmann dank der überragenden Kunst seiner Menschengestaltung imstande war, eine Fülle von individuell gesehenen Menschen auf die Bühne zu stellen"[72]. – Als weitere Merkwürdigkeit wurde bemängelt, daß „Die Weber" eine Folge von verhältnismäßig lose miteinander verknüpften Bildern darstellen. Franz Mehring betonte aber schon 1892/93 die zusammenhaltende Kraft des Weber-Liedes[73]. – Ein wichtiger Hinweis Wilhelm Bölsches zielte auf den fünften Akt der ,,Weber". Theodor Fontane zeigte aber Hauptmanns Gründe dafür auf, ,,das, was ursprünglich ein Revolutionsstück sein sollte, schließlich als Anti-Revolutionsstück ausklingen zu lassen":

> ,,Es ließ sich nicht anders thun, nicht bloß von Staats- und Obrigkeits-, sondern, wie schon angedeutet, auch von Kunstwegen. Todessühne, Zugrundegehen eines Schuldlosen, das ist ein Tragödienschluß, Radau mit Spiegelzertrümmerung nicht (...). Der 5. Akt ist ein Notbehelf, ein Zwang, aber doch, was uns trösten muß, ein Zwang, der nicht bloß in Klugheitserwägungen oder wohl gar in von außen kommenden Einflüssen, sondern viel viel mehr in der eigenen Einsicht von der Unvermeidlichkeit solcher Zuthat wurzelt"[74].

Wilhelm Bölsche bemerkte zum Ende des Schauspiels, daß der alte Hilse ,,im gewissen Sinne sehr deutlich den Chor des endenden Stückes" darstelle und Hauptmann eine ,,symbolische Lösung" gefunden habe[75], da im augenblicklichen Sieg der Weber ihre baldige Niederlage zu erahnen sei.

3.3. Epische und dramatische Elemente

Wenn man die Struktur des Schauspiels ,,Die Weber" erhellen möchte, ist es notwendig, näher auf die Frage einzugehen, ob in diesem Werk die epischen oder die dramatischen Elemente überwiegen. Peter Szondi betonte das Epische dieses Werkes. In seiner ,,Theorie des modernen Dramas" schrieb er über Hauptmanns Schauspiel:

> ,,Es setzt sich aus Szenen zusammen, in denen verschiedene Möglichkeiten des epischen Theaters benutzt werden, was auf dieser Stufe bedeutet, daß die Beziehung Epiker-Gegenstand in die dramatische Szene thematisch eingebaut ist (...). Revue, Darstellung vor einem Fremden, Bericht, Beschreibung, sorgfältig verankert in der Wahl der Szene; das immer wieder neu Ansetzen nach Aktschluß; die Einführung neuer Personen in jedem Akt; das Verfolgen des Aufstandes in seiner Ausbreitung, wobei im letzten Akt den Aufständischen gar vorangeeilt wird – das alles deutet wiederum auf die epische Grundstruktur des Werkes hin (...)"[76].

Szondis Beobachtungen sind im Prinzip richtig. Allerdings sollte man ihm nicht folgen, wenn er eine ,,epische Grundstruktur" sieht. Die vorhandenen epischen Elemente waren nur ein Mittel, die Vielfalt der Ereignisse in die Handlung einzubeziehen und damit das in das Geschehen einzuflechten, was auf der Bühne nicht dargestellt werden konnte oder sollte. Es ergab sich auch aus der Fülle von Einzelschicksalen, wenn Hauptmann so viele Personen auf die Bühne brachte und auf diese Weise ein Mosaik zusammenfügte. Hätte er die Entwicklung weniger Bühnenfiguren geschildert, so wäre es ihm – was man bedenken muß – nicht möglich gewesen, das historische Material naturalistisch wiederzugeben; er hätte Personen gestalten müssen, die es so in der Realität nicht gab. – ,,Die Weber“ weisen epische Elemente auf. Es stimmt auch, daß das Schauspiel nur wenig eigentlich dramatische Handlung hat – außer im 4. Akt und vor allem im 5. Aufzug. Dieses Problem wird noch ausführlicher zu erörtern sein. Schon in seiner frühen Rezension erkannte Franz Mehring typische Eigenschaften des Schauspiels, wenn er von ,,einer mit episodenhaften Breite sich langsam fortschiebenden Handlung, ohne die auf- und absteigende Bewegung um einen beherrschenden Mittelpunkt“ sprach. Andererseits stellte Mehring mit Recht fest: ,,So wie Hauptmann den gegebenen Stoff nahm, mußte er die Massen selbst in dramatische Bewegung setzen (...)“[77]. In diesem Sinne kann man durchaus sagen, daß der Kampf der Weber gegen eine sie erdrükkende Umwelt und die allmähliche Zuspitzung des Konflikts durchaus dramatische Züge tragen. Szondi ging allzu sehr von der Theorie aus, wenn er das Epische in den ,,Webern“ stark betonte, und so meinte R. C. Cowen zu seiner Kritik sehr richtig: ,,Drama ereignet sich auf der Bühne, nicht in theoretischen Schriften, und da man schon längst erfahren hat, daß gute Dramen kaum nach Theorien geschrieben werden können (...), sollte man die Theorien eher an den Stücken entwickeln als an vorgeprägten Begriffen“[78]. ,,Die Weber“ sind durchaus dramatisch, wenn auch auf besondere Art. Das betonte 1952 Else Löns, wenn sie schrieb: ,,Ist der Aufbau planmäßig und künstlerisch? Das Problem entfaltet sich, vergleichbar einem Crescendo bis zum Sturmakkord“[79]. Ursula Münchow übersah 1968 nicht, daß der Dichter beim Aufbau ,,neue Wege“ gegangen sei, denn das Werk rolle ,,Bild für Bild wie eine großartige Dokumentation ab, hinter der ein Berichterstatter steht“, doch betonte sie: ,,Der Atem des Stückes ist hoch dramatisch, und sein heftig schlagendes Herz ist das ,Weberlied‘, das Fanal des Aufstandes“[80]. Kurt May ließ ebenfalls erkennen, daß das Geschehen in den ,,Webern“ durchaus dramatisch ist: ,,Der Dramatiker hat eine sehr starke Hand, unter der das kollektive Geschehen niemals zerbröckelt. In der gemeinsamen und ausschließlichen Ausrichtung aller Personen auf das einzige Thema, nämlich die Not der Weber, spürt man die auswählende, verbindende, zusammenhaltende und steigernde Kraft eines großen Bühnenbeherrschers“[81].

3.4. Die Entwicklung des dramatischen Konflikts und bühnenwirksame Gestaltungsmittel

3.4.1. Zur Figurenkonstellation

Ungleiche Gegenspieler sind in Hauptmanns Drama das Kollektiv der Weber auf der einen und der Fabrikant Dreißiger, der im Schauspiel stellvertretend für etliche Unternehmer steht, auf der anderen Seite. Dabei wird die Welt der Weber viel genauer geschildert als die der Fabrikanten. Das soll aber nicht heißen, daß Dreißiger nur schemenhaft als Ausbeutertyp dargestellt würde; sein Denken und Fühlen wird uns, obwohl er Hauptmann zweifelsohne weniger interessiert als die Notleidenden, hinreichend übermittelt, insbesondere im 4. Akt. Dreißiger wird zum starken Gegenspieler der Weber, der rasch handelt und durch seine gesellschaftliche Stellung die Obrigkeit auf seiner Seite hat.

3.4.2. Situationsschilderung und dramatisches Geschehen in den fünf Aufzügen

Erster Akt

Hier wird zunächst eine allgemeine Charakteristik der Lage geboten. Hauptmann vergleicht die in Dreißigers Haus zu Peterswaldau auf den Expedienten Pfeifer wartenden abgezehrten Gestalten mit „Menschen, die vor die Schranken des Gerichts gestellt sind, wo sie in peinigender Gespanntheit eine Entscheidung über Tod und Leben zu erwarten haben“ (7). Die hohe Arbeitsleistung bei der Barchentherstellung vergüten die ihrem Herrn ergebenen Angestellten völlig unzureichend. Pfeifer drückt überdies, zweifelsohne dem Auftrag des Fabrikanten folgend, den niedrigen Lohn, so oft es ihm möglich ist. Obwohl er minderwertiges Garn verteilen ließ, bemängelt er bei der Ablieferung die Güte des Barchents und stuft ihn niedrig ein. Als wahren Hohn muß man angesichts dieser Tatsachen Pfeifers Äußerung „Wer gut webt, der gut lebt“ (10) bezeichnen.

Die Ausgangssituation ist auf der Seite der Weber dadurch gekennzeichnet, daß „allen etwas Gedrücktes, dem Almosenempfänger Eigentümliches" anhaftet, wie Hauptmann in der einleitenden Regieanweisung schreibt (7). Während die meisten Weber und Webersfrauen nur stöhnen und um Vorschuß betteln, sich aber mit dem Hungerlohn schließlich abfinden, begehrt Bäcker, ein ,,junger, ausnahmsweise starker Weber, dessen Gebaren ungezwungen, fast frech ist" (8), als einziger auf: ,,Das is a schäbiges Almosen, aber kee Lohn" (11). Er zeigt einen ungewohnten Ton, wenn er zu Pfeifer sagt: ,,Vo Ihn laß ich mersch Maul noch lange nich verbiet'n" (12). Als Dreißiger, von Pfeifer gerufen, hinzutritt, wird deutlich, daß der Konflikt schon in greifbarer Nähe liegt. Dreißiger erkennt in Bäcker einen derjenigen Langenbielauer Weber, die ihn am Vorabend ,,mit diesem niederträchtigen Liede" (12), dem Lied vom ,,Blutgericht", maßlos geärgert haben. Bäcker wird entlassen; sein Abgang ist aber ein persönlicher Triumph, weil er Dreißiger zwingt, ihm seinen Lohn in die Hand legen zu lassen.

Hauptmann verstand es, nach dem Auftreten der Weber-Gestalten mit ihrer vielfältigen Not – Peter Szondi meinte, die Szene erinnere ,,an eine mittelalterliche Revue"[82] – dramatische Akzente zu setzen. Man erfährt zunächst, daß sich der Widerstand ansatzweise bereits formiert hat (am Vorabend). Nun, am Mittag des nächsten Tages, begehrt der rote Bäcker auf. Dreißiger beantwortet den Protest mit den Worten: ,,Noch ein Wort, und ich schicke zur Polizei – augenblicklich. Ich fackle nicht lange. Mit euch Jungens wird man doch noch fertig werden. Ich bin doch schon mit ganz anderen Leuten fertig geworden" (13). – Eine wesentliche Grundlage für den drohenden offenen Konflikt mit dem Fabrikanten liegt in der Tatsache, daß Dreißiger am Schluß des 1. Aufzuges erklärt, er sei ,,gern bereit, noch zweihundert Webern Beschäftigung zu geben" (17) – allerdings zu noch wesentlich schlechteren Bedingungen. Er beantwortet also die furchtbare Anklage mit einer drastischen Lohnkürzung. In diesem rücksichtslosen Vorgehen des Unternehmers – die Kürzung der Löhne ist, obwohl Zimmermann nichts davon berichtet, wahrscheinlich historisch[83] – liegt für Hauptmann die Hauptursache des Aufstandes. Die Zwangslage des Augenblicks macht es erforderlich, sich gegen die Peiniger zu erheben. Nicht dem Kopf entspringt der Aufstand, es geht auch um keine ideellen Werte; die Weber bäumen sich, ganz dem Gefühl folgend, auf, weil ihre Existenz bedroht ist.

Zweiter Akt
Nach diesen dramatischen Akzenten gegen Ende des 1. Aktes bringt der Dichter wiederum eine Zustandsschilderung in epischer Breite. Dieser Wechsel ist typisch für die Struktur der Akte 1–3. Der 2. Aufzug führt in das „Stübchen des Häuslers Wilhelm Ansorge zu Kaschbach im Eulengebirge“ (17). Nach der Massenszene des 1. Akts zeigt der Dichter am Beispiel einer betroffenen Familie die entsetzliche Not der Weber. Die Familie Baumert arbeitet in einem elenden, verwahrlosten und viel zu dunklen Raum, den sie gemietet hat, an Webstühlen und Garnspulen. Die Not wird dadurch zusätzlich verdeutlicht, daß Frau Heinrich, eine schwangere, dreißigjährige Webersfrau, die sich verletzt hat, zu den für einen Hungerlohn Arbeitenden kommt und furchtbar klagt: „Meine armen Kinder derhungern m'r! Ich weeß m'r keen'n Rat nimehr“ (20). Mit dem alten Baumert betritt bald darauf Moritz Jäger, ein „strammer, mittelgroßer, rotbäckiger Reservist“ (21), den Raum. Im Drama hat dieser von außen Kommende, dem es als Bursche bei einem Rittmeister gut gegangen ist, eine doppelte Funktion. Zum einen wird ihm das Elend von Verwandten (Mutter Baumert ist seine Tante) deutlich vor Augen geführt und zusätzlich geschildert. Zum anderen ist er es, der auf die Unmöglichkeit der Lage hinweist und Gegenmaßnahmen anregt, weil alle anderen Versuche seiner Ansicht nach sinnlos waren (vgl. 25). Er versteht es, die stille Wut der Geduldigen auf die Fabrikanten nachhaltig zu steigern:

> „Die waten im Fette rum bis hieher. Wer das ni gloobt, der brauch ock nunter gehn nach Bielau und nach Peterschwalde. Da kann ma sei Wunder sehn: Immer e Fabrikantenschloß hintern andern. Immer e Palast hintern andern. Mit Spiegelscheiben und Türmeln und eisernen Zäunen. Nee, nee, da spiert keener nischt von schlechten Zeiten. Da langt's uf Gebratnes und Gebacknes, uf Eklipaschen und Kutschen, uf Guvernanten und wer weeß was. Die sticht d'r Haber aso sehr! Die wissen gar nich, was se schnell anstell'n vor Reechtum und Iebermut“ (26).

Zugleich drängt er zum Handeln:

> „Ich bin a umgänglicher Kerl, aber wenn ich amal falsch wer und ich krieg's mit der Wut, da nehm ich Dreißichern in de eene, Dittrichen in de andre Hand und schlag se mit a Keppen an'nander, daß 'n 's Feuer aus a Augen springt. – Wenn mir und m'r kennten's ufbringen, daß m'r zusammenhielten, da kennt m'r a Fabrikanten amal an solchen Krach machen ... Da braucht m'r keen'n Keenich derzu und keene Regierung, da kennten m'r eenfach sagen: mir woll'n das und das und aso und aso ni, und da werd's bald aus een'n ganz andern Loche feifen dahier (...)“ (27).

Jäger liest ,,mit unverkennbar starkem Gefühl" (28) die ersten Strophen des Lieds vom ,,Blutgericht" vor. Der alte Baumert wird in seiner Wut gegen die bestärkt, die sein Leben ruiniert haben, und der Häusler Ansorge wirft seinen Weidenkorb, an dem er arbeitete, von sich und gibt zu erkennen, daß das Erdulden ein Ende hat:

> ,,Mir leiden's nimehr! Mir leiden's nimehr, mag kommen, was will" (29).

So klingt der 2. Akt mit einer Steigerung aus. Der Entschluß zum Aufbegehren, ein starker dramatischer Akzent, folgt auf eine genaue, Mitleid erregende Milieuschilderung, welche die Notwendigkeit des Aufstandes verdeutlicht. Damit setzt sich die besondere Struktur der Akte 1–3 fort: an eine breite, intensive Schilderung schließt sich ein dramatisches Geschehen an. Allerdings hat sich dieses nun weiter entwickelt; der Konflikt zwischen den Webern und Dreißiger bzw. den Fabrikanten allgemein steht unmittelbar bevor, während er am Ende des 1. Aufzuges nur in greifbare Nähe gerückt war.

Dritter Akt

Auch der 3. Aufzug bringt – wie die beiden vorhergehenden Akte – zunächst keine eigentlich dramatische Handlung, sondern setzt die Zustandsschilderung fort. Was im 2. Akt mit dem Auftreten Moritz Jägers und der Beurteilung aus seiner Sicht begann, wird von Hauptmann hier konsequent weitergeführt: er bietet weitere Perspektiven. Die in der ,,Schenkstube im Mittelkretscham zu Peterswaldau" (30) versammelten Handwerker sprechen über die Weber; diese Schilderung setzt der Reisende fort. Der Zuschauer erfährt, daß an der furchtbaren Not der Weber nicht nur die Fabrikanten die Schuld tragen. Der Adel, der nicht von seinen Rechten läßt, verlangt Frondienste, Schutz- und Spinngeld sowie Naturalleistungen. Die Bauern sind ebenfalls auf ihren Vorteil bedacht. Für die ärmliche Unterkunft, die sie an die Weber vermieten, verlangen sie nicht nur Geld, sondern auch Mithilfe bei der Heu- und Getreideernte: ,,Das ist jetzt aso: d'r Pauer und d'r Edelmann die ziehn a een'n Strange" (36), läßt Hauptmann einen alten Weber sagen. Die Vertreter der Kirche nehmen an der Ausbeutung der Armen teil; die Pastoren raten von festlichen Begräbnisses keineswegs ab[84].

Mit der Einführung des Reisenden in das Drama gelang es Hauptmann, das Unverständnis vieler Außenstehender plastisch vor

Augen zu führen. Dieser Fremde kann nicht begreifen, daß die Weber die Begräbnisse so aufwendig gestalten:

„Ich kam grade im Dorfe rein. Blechmusik, Schullehrer, Schulkinder, der Pastor und ein Zopp Menschen hinterdrein, Herrgott, als wenn der Kaiser von China begraben würde. Ja, wenn die Leute das noch bezahlen könnten ...!" (31).

Die Notlage der einzelnen vermag der Reisende ebenfalls nicht zu erkennen. Ansorge, der kein Geld mehr hat, zum Rasieren zu gehen, wird von ihm als eine bewundernswerte Gestalt gesehen:

„Solche urkräftige Naturmenschen sind heutzutage sehr selten. Wir sind von der Kultur so beleckt ... aber ich hab' noch Freude an der Urwüchsigkeit. Buschige Augenbrauen! So'n wilder Bart ..." (33).

Schließlich verkennt er auch die Notlage der Masse; zum Lumpensammler Hornig sagt er: „Über die Not im Gebirge sind doch die Ansichten recht verschieden, wenn Sie lesen können ..." (37). Der Reisende gehört auch zu denen, die meinen, die Regierung habe schon viel getan, um den Ursachen der Verelendung auf die Spur zu kommen: „Wenn Sie lesen können, müssen Sie doch auch wissen, daß die Regierung genaue Nachforschungen hat anstell'n lassen und daß ..." (37). Im Drama erfährt man jedoch, daß die Weber den Gewinnsüchtigen wehrlos ausgeliefert sind. Die Recherchen der Regierung erfolgen äußerst oberflächlich und erfassen den Notstand nicht. Hornig, der Lumpensammler, ein neutraler Beobachter, umreißt dem Reisenden gegenüber die wahre Lage:

„(...) da kommt so a Herr von der Regierung, der alles schon besser weeß, wie wenn a's gesehn hätte. Der geht aso a bissel im Dorfe rum, wo de Bache ausfließt und de scheensten Häuser sein. De scheen'n blanken Schuhe, die will a sich weiter ni beschmutzen. Da denkt a halt, 's wird woll ieberall aso scheen aussehn, und steigt in de Kutsche und fährt wieder heem. Wenn a aber und hätte a bissel Geduld gehabt und wär in da Derfern nufgestiegen, bis wo de Bache eintritt, und ieber de Bache nieber uf de kleene Seite oder gar abseit, wo de klee'n eenzelnen Klitschen stehn, die alten Schaubenneuster an a Bergen, die de manchmal aso schwarz und hinfällig sein, daß 's 'n Streichhelzl ni verlohnt, um aso a Ding anzustecken, da wär a woll andersch hab'n nach Berlin bericht't (...)" (37).

Nach dieser ausführlichen, das Bisherige erweiternden Situationsschilderung, die Hauptmann mit Berichten über Neuigkeiten und Gesprächen über Geschehenes vermittelte, setzt er am Ende des 3. Aktes erneut dramatische Akzente, die nun den Beginn der Erhebung erkennen lassen. Dabei ergibt sich eine Steigerung. Das Auftreten „einer Schar junger Weberburschen" (37), angeführt von Jäger und Bäcker und das Weberlied singend, signalisiert den Beginn einer neuen Provokation gegenüber Dreißiger. Bäcker schreit: „Aber bei Dreißigern miß mer noch amal vorbeiziehn. Der muß unser Lied noch amal zu heer'n kriegen" (39). Er weiß von Moritz Jäger sehr wohl, daß der Unternehmer nun handeln wird. Das militärische Auftreten der jungen Weber, die ein junger Hitzkopf (Jäger) zu Taten aufstachelt, muß zur Gegengewalt führen. – Die zweite Steigerung des Geschehens am Ende des 3. Aufzugs liegt darin, daß der Gendarm Kutsche angepöbelt wird. Als er das Gasthaus verläßt, spricht er drohend:

> „(...) Euch Webern aber soll ich's ausrichten: d'r Herr Polizeiverwalter läßt euch verbieten, das Lied zu singen – das Dreißicherlied, oder wie sich's nennt. Und wenn das Gesinge uf d'r Gasse ni gleich ufheert, da wird a d'rfire sorgen, daß ihr im Stockhause mehr Zeit und Ruhe kriegt. Da kennt 'r dann singen bei Wasser und Brot, aso lange wie d'r lustig seid" (42).

Wenn die jungen Weber danach sofort das Weberlied anstimmen und unter Wittigs und Bäckers Leitung den Kretscham singend verlassen, dann übertreten sie eindeutig ein Verbot und erzwingen den offenen Konflikt – nicht nur mit Dreißiger, der seine Färber einsetzen wird, sondern auch mit der Obrigkeit. Betrachtet man das Geschehen des Dramas unter diesem Gesichtspunkt, so ist schon am Ende des 3. Akts die Wende erreicht, noch bevor es zu wirklichen Angriffen von seiten der Weber gekommen ist. Es kann zu keinem guten Ende führen, was wenige Mutige hier vorhaben; für den unvorbereiteten Aufstand stehen weder erfahrene Anführer noch Waffen zur Verfügung, und die Übermacht der anderen Seite ist riesig. Skeptisch läßt Hauptmann denn auch den 3. Aufzug ausklingen. Hornig ahnt Böses, und der Gastwirt Welzel meint, die alten Weber, die mitmachen, hätten den Verstand verloren. Der Kommentar des Lumpensammlers Hornig zur Beteiligung auch der eigentlich Besonnenen ist wohl zugleich der des Dichters: „A jeder Mensch hat halt 'ne Sehnsucht" (43).

Vierter Akt

Der 4. Aufzug hat eine andere Grundstruktur als die vorherigen Akte. Situationsschilderungen, die Hauptmann mit Hilfe von Gesprächen vermittelt, und dramatisches Geschehen folgen hier nicht aufeinander, sondern sind miteinander verwoben, was später näher dargelegt werden soll. Was gleich bleibt, ist der Wechsel der Perspektive zu Beginn des Aufzugs. Hauptmann zeigt die Gesamtlage aus der Sicht des Fabrikanten Dreißiger und des Pastors Kittelhaus, in Ansätzen auch aus dem Blickwinkel des Kandidaten Weinhold. Die Tatsache, daß die vierziger Jahre des 19. Jahrhunderts für den Industriezweig der Weberei in Schlesien eine Zeit der Krise waren, erfährt man aus dem Munde des Peterswaldauer Unternehmers, in dessen „Privatzimmer" (43) der 4. Aufzug spielt:

> „Das Ausland hat sich gegen uns durch Zölle verbarrikadiert. Dort sind uns die besten Märkte abgeschnitten, und im Inland müssen wir ebenfalls auf Tod und Leben konkurrieren, denn wir sind preisgegeben, völlig preisgegeben" (51).

Freilich hat Dreißiger es verstanden, die Auswirkungen der für das Leinengewerbe bestehenden Schwierigkeiten sich und seinem Hause fernzuhalten. Nicht der Reichtum wird diesem Emporkömmling[85] vom Dichter zur Last gelegt, sondern seine Profitgier und sein Eigennutz trotz des Elends der von ihm Abhängigen. Die Weber müssen die Bürde der schwierigen Lage ganz alleine tragen. Von seiten der etablierten Pastoren haben sie keine Hilfe zu erwarten. Pastor Kittelhaus, der im 4. Akt zu Gast in Dreißigers Haus ist, war bisher der Meinung, „die Webersleute wären ein demütiger, geduldiger und lenksamer Menschenschlag" (50). Den Vereinen und Komitees zur Abhilfe der Webernot gibt er die Schuld an dem für ihn unverständlichen Wandel:

> „So haben sie denn mit all ihrer Humanität nichts weiter zuwege gebracht, als daß aus Lämmern über Nacht buchstäblich Wölfe geworden sind" (51).

Kittelhaus schiebt es vor allem auf die Jugend des Kandidaten Weinhold, daß dieser „ungebärdig gegen die bestehenden Verhältnisse" (44) angeht; sein eigenes Motto ist höchst unchristlich:

> „Seelsorger, werde kein Wanstsorger! Predige dein reines Gotteswort, und im übrigen laß den sorgen, der den Vögeln ihr Bett und ihr Futter bereitet hat und die Lilie auf dem Felde nicht läßt verderben" (45).

Auch Dreißiger selbst hält Weinholds Gedanken, die er „Vorlesungen über Humanität" (46) nennt, für völlig überflüssig. Nicht Notleidende sind es seiner Meinung nach, die vor seinem Hause demonstrieren. Dem herbeigeeilten Polizeiverwalter gegenüber erklärt er:

> „So'n paar grüne Burschen (...), arbeitsscheues Gesindel, faule Lümmels, die ein Luderleben führen, Tag für Tag in den Schenken rumhocken, bis der letzte Pfennig durch die Gurgel gejagt ist. Aber nun bin ich entschlossen, ich werde diesen berufsmäßigen Schandmäulern das Handwerk legen, gründlich. Es ist im allgemeinen Interesse, nicht nur im eigenen Interesse" (47).

Es kennzeichnet die besondere Struktur des 4. Akts, daß die verschiedenen Gespräche über die Weber und die Lage der Barchentweberei vor einem dramatischen Hintergrund stattfinden, der immer wieder den Inhalt der Diskussionen beeinflußt. Während der Gespräche zwischen Dreißiger und seinen Gästen demonstrieren zahlreiche Weber lautstark vor dem Haus des Fabrikanten. Die Abwesenheit Dreißigers zu Beginn des Aufzugs hängt mit diesem Geschehen zusammen, denn offenbar „ist etwas vorgefallen" (45), wie Weinhold bemerkt. So kann der Pastor Kittelhaus sein Streitgespräch mit dem Kandidaten zunächst ohne Beteiligung des Gastgebers führen. Als Dreißiger endlich erscheint und trotz seiner Erregung Whist spielen möchte, kommt es nicht dazu. Angesichts des Tobens vor dem Haus, das der Unternehmer durchs Fenster beobachtet (das Mittel der Teichoskopie spielt hier – wie des öfteren in den „Webern" – eine Rolle), spricht man nun über die Frechheiten und das aufsässige Betragen einiger Weber. Danach meldet Pfeifer, man habe einen Mann festgenommen. Als dieser kurz darauf – inzwischen ist der Polizeiverwalter eingetroffen – „von fünf Färbereiarbeitern hereingeführt" (48) wird, kommt es zu einer direkten Konfrontation zwischen einem der draußen Demonstrierenden und den sich im Zimmer Unterhaltenden. Hauptmann stellt mit dieser Szene sein Gespür für dramatisch Wirksames unter Beweis. Jäger zeigt den Anwesenden seine tiefe Verachtung, und es wird deutlich, daß niemand – auch nicht der Pastor und der Polizeiverwalter – Macht über die Anführer der Weber hat. Der Ruf „Jäger! Jäger soll rauskommen!" (49) stellt die Verbindung zwischen dem von der Masse gewaltsam Isolierten und den Demonstranten wieder her, und so ist das Abführen Moritz Jägers nur ein Augenblickserfolg derer, die gegen die Empörten mit hartem Handeln vorzugehen versuchten. Die Verhaftung Moritz Jägers aus der Menge der vor dem Hause Lärmenden wird zum eigentlichen Anlaß für das gewaltsame Tun der Entrechteten. – Das erneut aufgenommene Gespräch, in dessen Verlauf Dreißiger die Lage des Leinengewerbes aus seiner

Sicht darstellt, unterbricht „ein vielstimmiges, aufschwellendes Hurragebrüll“ (51) für kurze Zeit. Schließlich wird die Diskussion abrupt beendet, als Pfeifer ins Zimmer stürzt und angstvoll schreit: „Se hab'n a Jäger Moritz befreit, a Verwalter gepriegelt und fortgejagt, a Schandarm gepriegelt und fortgejagt (...)“ (51). Der eigentliche Aufstand hat nun mit der Befreiung des festgenommenen Moritz Jäger begonnen. Der Ruf „Expedient Feifer soll rauskommen!“ (54) eröffnet den Höhepunkt des dramatischen Geschehens in den „Webern“. Die Aufständischen „kommen wie auf der Jagd nach etwas“ (55) ins Haus, auf der Suche nach dem „Menschenschinder“ (55) – womit Pfeifer und Dreißiger gemeint sein können. Die Zerstörung des Gebäudes, die dann beginnt, ist eine Art Rache für das Entgangene. Wie im Rausch plant man weitere Taten. Der rote Bäcker ruft den anderen zu:

> „Halt, heert uf mich! Sei mer hier fertig, da fang m'r erscht recht an. Von hier aus geh mer nach Bielau nieder, zu Dittrichen, der de mechan'schen Webstihle hat. Das ganze Elend kommt von a Fabriken“ (55).

Weitere Anfangserfolge sind den Aufständischen sicher.

Es gehört zu den Eigentümlichkeiten des Schauspiels „Die Weber“, daß in dem Zeitpunkt, der eigentlich einen Triumph für die Kämpfenden bedeutet, die fallende Handlung schon eingesetzt hat. Die stoffliche Vorlage Gerhart Hauptmanns, eine aussichtslose Erhebung, bedingte diese Besonderheit, die vom Schema der üblichen Tragödie abweicht. Die Revolte der Weber ist schon zum Scheitern verurteilt, obwohl sie zunächst noch Scheinerfolge zu verzeichnen hat. Hätte der Dichter hier sein Drama enden lassen, dann wäre die sozialkämpferische Tendenz des Stückes weit stärker herausgekommen. Mit Recht hob Kurt May „den Widerspruch zwischen den zwei Komplexen des ‚Weber'-Dramas (Akt eins bis vier gegenüber Akt fünf)“ hervor[86], betonte aber gleichzeitig, daß Hauptmann das Drama ganz bewußt anders ausklingen lassen wollte.

Fünfter Akt

Der (in der Sekundärliteratur umstrittene) 5. Aufzug, der in das „Weberstübchen des alten Hilse“ (56) in Langenbielau führt, also nochmals (wie im 2. Akt) die Familienszene der Massenszene vorzieht, zeigt den weiteren Verlauf des Aufstands und den Beginn der Niederschlagung der Revolte aus einer neuen Perspektive. Bericht und Beschreibung müssen dabei eine große Rolle spielen. So erzählt der Chirurgus Schmidt von den Ereignissen in Peterswaldau und davon, daß 1500 Menschen auf dem Weg seien[87]. Die Erfolge der Weber in Langenbielau beschreiben Hornig und einige Hausbewohner, während der Ruf „Weber raus!" (64) ertönt und das Weberlied erklingt. Später geben Mielchen und einige Webersleute die blutigen Ereignisse auf der Straße direkt wieder[88].

Alle diese Begebenheiten läßt der Dichter aus privater Warte sehr unterschiedlich kommentieren. Äußerst konträr ist dabei die Einstellung gegenüber dem Aufstand. Der alte Hilse kann nicht glauben, daß das wahr ist, was Hornig ihm berichtet: „(...) daß Weber, Menschen wie ich und mei Sohn, und sollten solche Sachen vorgehabt – nimmermehr! Nie und nimmer wer ich das glooben" (59). Gottlieb, sein Sohn, ist im Grunde begeistert davon, daß nun etwas geschieht, muß sich aber zunächst dem Wunsch des Vaters fügen: „Ich wer gehn und wer arbeiten. Mag kommen, was will" (64). Luise, seine Frau, tritt leidenschaftlich für das Tun der Aufständischen ein und beschimpft die beiden Männer als Feiglinge. Mutter Hilse gehört dagegen zu denjenigen, welche die Ereignisse zwar registrieren, aber nicht Stellung nehmen. Hauptmann ist es meisterhaft gelungen, das Geschehen auf diese Weise beurteilen zu lassen; damit spiegelt er das wider, was es auch in der Wirklichkeit gab. Die Einstellung zur Revolte erstreckte sich von glühender Begeisterung bis zu völliger Ablehnung.

Hauptmann verzichtete darauf, den weiteren Verlauf des Aufstandes darzustellen. Daß schließlich die Soldaten stärker sein werden als die Weber, ist den Worten des Mannes zu entnehmen, der im Drama die geduldig Leidenden vertritt. Der alte Hilse bezweifelt die Möglichkeit, sich gegen die Kompanien durchzusetzen: „(...) zwee jagt'r naus, zehne kommen wieder rein" (68). Die Niederwerfung des Aufstandes ist nicht mehr fern; für die Weber bleibt alles beim alten. Das Scheitern der Erhebung ist das klägliche Ende des berechtigten Versuches, die unerträgliche Ausbeutung und Unterdrückung zu beseitigen. Die Verhältnisse sind – der Dichter steht hier der Geschichte wie Hippolyte Taine gegenüber – vom Menschen nicht veränderbar.

Wenn Hauptmann den alten Hilse, der am Aufstand nicht teilnimmt und weiter seine Pflicht am Webstuhl tut, am Ende – von einer Kugel getroffen – sterben läßt, so ist das keineswegs ein den Sinn der Revolte bezweifelnder Ausklang des Schauspiels, der ein Fremdkörper im Ganzen bleiben muß. Der Dichter hat die Hilse-Szene sehr bewußt gestaltet. Hilses Tod, das Sterben eines Unbeteiligten, antizipiert das weitere Geschehen, das im Drama (auch aus bühnentechnischen Gründen) nicht gezeigt werden kann. Nur am tragischen Schicksal eines einzelnen konnte Hauptmann den für die Weber negativen Ausgang verdeutlichen; der Masse tritt hier ein Einzelsprecher gegenüber. – Kurt May wies noch auf eine weitere Besonderheit der Hilseszene hin: ,,Die Alltagssprache mit ihren Vulgarismen, den niedersten Worten und Wendungen, in ihrer Zerbrochenheit, im Stammeln, Seufzen, Stöhnen, Schreien, tritt zurück. Die Sprache nimmt in Wortwahl und Fügung zum pathetischen Satz einen alttestamentarisch feierlichen Ton an"[89]. Hilses Ablehnung des Aufstandes ist religiös begründet: ,,(...) – ich hab 'ne Gewißheet. Es ist uns verheißen: Gericht wird gehalten; aber nich mir sein Richter, sondern: mein is die Rache, spricht der Herr, unser Gott" (64). – Die Hilse-Handlung beendet das Schauspiel mit einem dramatisch effektvollen Akzent. Hier konnte der Dichter die unterschiedlichen Einstellungen zum Weberaufstand und ein unschuldiges Opfer zeigen, das stellvertretend für viele andere steht. Wenn manche Kritiker in den anderen Akten eine ähnliche Dramatik vermissen, dann gehen sie an den Möglichkeiten des Stoffes vorbei.

3.4.3. Die dramatische Komposition und ihre Bedeutung

Das Schauspiel ,,Die Weber" ist, wenn man seinen Aufbau betrachtet, eine Tragödie der Art, wie sie Gustav Freytag 1863 in seiner Schrift ,,Die Technik des Dramas" normativ beschrieb. Der 1. Akt bringt die Exposition, macht den Zuschauer also mit Personen, Zeit, Ort und Handlung vertraut. Eine Steigerung und ,,erregende Momente" bietet der 2. Aufzug, vor allem dadurch, daß durch einen von außen Kommenden (Moritz Jäger) die Glut geschürt wird. Den Höhepunkt der Wut der Weber zeigt das Ende des 3. Akts. Der Handlungshöhepunkt liegt allerdings erst am Schluß des 4. Aufzugs: die Weber stürmen Dreißigers Haus. Damit setzt die fallende Handlung verspätet, aber vehement ein, denn die Gegenseite muß nun, will sie nicht völlig ihr Gesicht verlieren, handeln – und sie tut es. Ein ,,retardierendes Moment" im Sinne Gustav Freytags gibt es in diesem Drama nicht; nirgends kann man Bemühungen erkennen, den

Lauf der Dinge aufzuhalten. Für die Weber gibt es keine Hoffnung, daß ihr Wollen Beachtung fände und daß es damit zu einer Konfliktlösung kommen könnte. So deutet sich denn im 5. Akt die Katastrophe, das schreckliche Scheitern der Aufständischen und ihres Bemühens, an; vorwegnehmend steht dafür der Tod des alten Hilse, ein meisterhafter Kunstgriff des Dichters.

Das Schauspiel ,,Die Weber", dem man von Anfang an formale Schwächen nachsagte und dessen angebliche ,,epische Grundstruktur" Peter Szondi noch Jahrzehnte später veranlaßte, das Werk in dem Kapitel ,,Die Krise des Dramas"[90] zu behandeln, ist trotz seiner zahlreichen Personen (von ihnen kommt nur der alte Baumert in allen fünf Akten vor), der Vielfalt des Geschehens, immer wieder neuer Handlungsansätze und besonderer Gestaltungsmittel (Schilderung von Zuständen, Berichte, Beschreibungen) ein überzeugendes Drama. Der vom ersten bis zum fünften Akt zunehmende Kampf der Weber gegen ihr Milieu ist von starker Dramatik, und die allen gemeinsame Not bindet die Handlung stärker zusammen, als wenn Hauptmann fiktiv das Schicksal einer Familie auf die Bühne gebracht hätte. Von größter Bedeutung ist dabei aber das Lied vom ,,Blutgericht", das mit einer Steigerung eingesetzt wird: im ersten Akt wird es erwähnt, im zweiten gesprochen, im dritten gesungen; im vierten Akt erschallt es vor Dreißigers Haus, und im fünften Aufzug wird es zum Kampfgesang. Hier kann man durchaus von einer Leitmotivfunktion sprechen.

G. Hauptmanns Schauspiel ,,Die Weber" ist das wohl wichtigste naturalistische Drama des Dichters. Zugleich weist es in die Zukunft: der offene, nur andeutende Schluß, das Zurücktreten des Einzelschicksals hinter den sozialen Problemen der Masse und episch-distanzierende Elemente – das sind nur wenige Kennzeichen, die Hauptmanns über den Naturalismus hinausgehende Fähigkeiten schon in einem Werk zeigen, das acht Jahre vor der Jahrhundertwende uraufgeführt wurde.

„Rose Bernd“ (1903)

1. Entstehung und Thematik

Das Schauspiel ,,Rose Bernd“ gehört zu den Dramen Hauptmanns, die in verhältnismäßig kurzer Zeit geschrieben wurden. Es entstand innerhalb weniger Monate im Jahre 1903. Schon im September war es druckfertig; noch 1903 erschien das Werk als Einzelausgabe im Verlag S. Fischer, Berlin. Die Uraufführung fand am 31.10.1903 im Deutschen Theater, Berlin, statt.

Nicht ein Ereignis der Vergangenheit war es, das den Dichter zu diesem Werk anregte, sondern ein trauriges Schicksal der Gegenwart; Mitleid beflügelte aber auch in diesem Fall sein Schaffen.

Vom 15.4. bis zum 17.4.1903 war Gerhart Hauptmann als Geschworener in Hirschberg tätig. Es ging zum einen um einen Weber, der wegen Brandstiftung angeklagt war, was sich nicht in Hauptmanns Werk niederschlug, zum anderen um die 25jährige Kellnerin Hedwig Otte aus Herischdorf, die wegen Kindsmords und Meineids vor Gericht stand. Hauptmann setzte sich erfolgreich für den Freispruch der Angeklagten ein; in einem späteren Verfahren lehnte ihn allerdings die Staatsanwaltschaft ab und beantragte die Revision. – Schon am zweiten Verhandlungstage, am 16.4.1903, diktierte der Dichter im Hotel ,,Drei Berge“ zu Hirschberg seinem Sekretär Albert Birke Entwürfe zu einem Kindesmörderin-Drama, das den Titel ,,Rose Immoos“ tragen sollte[91]. Die weitere Arbeit an dem Schauspiel, das dann ,,Rose Bernd“ genannt wurde, ging in den folgenden Wochen rasch voran.

Obwohl als Vorstufe ein Fragment aus dem Jahre 1900 vorhanden ist, das den Titel ,,Anna Golisch“ erhielt[92], kann man doch sagen, daß ,,Rose Bernd“ letztlich eine direkte Reaktion auf den Prozeß von 1903 darstellt. Die rasche Entstehung zeigt, wie sehr sich dieses Werk in seiner Genese z.B. von den ,,Webern“ oder von ,,Florian Geyer“ abhebt; nicht langwierige Studien waren nötig, sondern es genügte die dichterische Inspiration nach einem intensiven persönlichen Erlebnis. Von dem, was Hauptmann als Geschworener in Hirschberg vernahm, blieb im Drama selbst aber nur das Grundmotiv: der Kindesmord aus Scham und tiefer Verzweiflung; im übrigen liegt viel freie literarische Eingebung vor.

Erlebnisse und Eindrücke aus dem eigenen Leben bezog Hauptmann mit ein. Wenn man das Motiv des Mannes zwischen zwei Frauen betrachtet, so sind unschwer Auswirkungen der Ehekrise des Dichters zu erkennen (erst am 9. 7. 1904 wurde das Urteil über die Scheidung von Marie Hauptmann, geb. Thienemann, rechtskräftig). – Die „ebene, fruchtbare Landschaft" (7), die der Dichter in den einleitenden Anmerkungen zum 1. Akt erwähnt, spiegelt Hauptmanns tiefes Erleben seiner schlesischen Heimat wider. Die Zeit als Landwirtschaftseleve bei seinem Onkel Schubert auf dem Rittergut Lohnig im Kreise Striegau bzw. im benachbarten Gut Lederose (Mai 1878 bis September 1879) zeigte nicht nur in der Schilderung der Landschaft seine Nachwirkungen, sondern auch in der plastischen Formung von Gestalten des Landlebens: Großbauern, Kätner, Arbeiter, Frömmler, Sektierer u. a. Rose Bernd selbst trägt Züge der schönen Gutselevin Anna Grundmann, zu der Gerhart Hauptmann zu Pfingsten 1880 in Liebe entbrannte.

Persönliche Einflüsse waren wichtig. Daneben sollte man aber nicht übersehen, daß der Dichter mit „Rose Bernd" in einer bedeutenden literarischen Tradition stand. Das Kindesmord-Motiv kann man bis zum Sturm und Drang zurückverfolgen, einer Epoche, die mit dem Naturalismus u. a. den Kampf gegen Scheinmoral und Lüge gemein hatte. Heinrich Leopold Wagners Trauerspiel „Die Kindermörderin" (1776) gehört zu den Dramen, die leidenschaftlich die Konventionen einer verlogenen Gesellschaft anklagten. Bekannter wurde das Motiv durch die „Faust"-Dichtung Johann Wolfgang Goethes, die in der Zeit des Sturm und Drang konzipiert und in Angriff genommen wurde. Es ist hier nicht der Ort, die weitere Entwicklung des Themas zu betrachten, z. B. in der Dichtung des 19. Jahrhunderts[93]. Wichtiger ist Hans Joachim Schrimpfs Hinweis darauf, daß Hauptmann eine „unmittelbare Anregung zu seiner Dichtung"[94] durch Tolstojs realistisches Drama „Die Macht der Finsternis" (1886) erhalten habe, in dem ein Mord an einem Kind geschildert wird.

Die zweite Tradition, in der „Rose Bernd" steht, ist das bürgerliche Trauerspiel. Die Reihe beginnt mit Lessings „Emilia Galotti" (1772); weitere wichtige Entwicklungsstationen sind H. L. Wagners „Kindermörderin" (1776), F. Schillers „Kabale und Liebe" (1784) und F. Hebbels „Maria Magdalene" (1844). In all diesen Werken gerät ein Mädchen aus dem Bürgertum in einen Konflikt zwischen

Pflicht und Neigung bzw. äußerem Zwang. Die bürgerlichen oder kleinbürgerlichen Wertvorstellungen werden auf verschiedene Weise angetastet; es geht um die Ehre der Tochter, und der Vater spielt in allen Fällen eine wichtige Rolle, weil er nachdrücklich und selbstbewußt auf „Tugend" hält. Überzeugend wies H. J. Schrimpf darauf hin, daß „Rose Bernd" Hebbels „Maria Magdalene" und Wagners „Kindermörderin" vom Thema her am nächsten stehen[95]; zugleich zeigte er aber auch auf, „daß Hauptmanns Kindesmord-Tragödie in einem viel eingeschränkteren Sinne soziales Drama ist als das Trauerspiel H. L. Wagners oder Hebbels ‚Maria Magdalene'", weil es „hier keinen Konflikt zwischen Adel und Bürgertum, höheren und niederen Ständen" gebe[96].

2. Gestaltung

2.1. „Rose Bernd": Das Ergebnis einer neuen Arbeitsweise

Als Gerhart Hauptmann vom April bis zum September 1903 an seinem Schauspiel „Rose Bernd" arbeitete, wertete er – im Unterschied zur Arbeit an den „Webern" – keine Quellen aus, und er stützte sich auch nicht – wie z. B. bei der Komödie „Der Biberpelz" – in starkem Maße auf Erlebnisse, die in seinem Leben eine Rolle spielten. Nun konnte er, von seiner Tätigkeit als Geschworener angeregt und sonstige Einflüsse verwertend, dichterisch-intuitiv wahres Leben in literarischer Überhöhung darstellen. Rose Bernds Schicksal steht stellvertretend für das vieler Mädchen, die wie sie geartet sind. Es ist gewiß auch richtig, wenn man sagt, daß die Männer, die in Rose Bernds Leben eine Rolle spielen, lebenswahr gestaltet sind: der Erbscholtiseibesitzer Christoph Flamm, der Buchbinder August Keil und der Maschinist Streckmann. Auch die Vaterfigur des alten Bernd ist keine blutlose Bühnengestalt, sondern verkörpert einen Vatertyp, der früher wohl kein Ausnahmefall war. Noch lebensnäher hat Hauptmann die Frau Flamm gezeichnet; Mitleid, Güte und Menschlichkeit charakterisieren diese Bühnenfigur, die der Dichter überzeugend gestaltete.

2.2. Kennzeichen der naturalistischen Gestaltung

Nach Werken, die eine künstlerische Weiterentwicklung Hauptmanns erkennen ließen (z. B. „Hanneles Himmelfahrt", „Die versunkene Glocke“ und „Der arme Heinrich“), griff der Dichter bei „Rose Bernd“ die naturalistische Arbeitsweise wieder auf. Sie zeigt sich in manchen Details.

2.2.1. Handlung und Bühnenbild

Wenn man die Handlung betrachtet, kann man sagen, daß der Dichter ein durchaus aktuelles Thema wählte und seinen Gegenstand mit großer Lebensnähe zeichnete. Die Aufgeschlossenheit für menschliches Leid und die Vorliebe für drastisch-düstere Zustandsschilderungen war hier – wie anderswo im Naturalismus – unverkennbar.

Nicht übersehen sollte man Hauptmanns genaue Angaben zum Bühnenbild, ob es sich nun um Landschaften oder um Innenräume handelt. Drei Beispiele mögen das belegen! Die Vorbemerkung zum 1. Akt beginnt mit den Worten:

> „Eine ebene, fruchtbare Landschaft. Klarer, sonnig warmer Morgen im Mai. Schräg von links nach rechts und aus dem Mittelgrunde nach vorn verläuft ein Feldweg. Die Felder zur Rechten liegen ein wenig höher als dieser. Am weitesten nach vorn ein kleines Fleckchen Kartoffelland, über dem das grüne Kraut schon sichtbar ist (...)“ (7).

Ebenso genau, wie hier (und in der Einleitung zum 3. Akt) die Landschaft beschrieben wird, sind die Angaben zu einem Innenraum in der Vorbemerkung zum 2. Akt (sie gilt auch für den 4. Aufzug):

> „Die große Wohnstube des Erbscholtiseibesitzers Flamm. Der große, niedrige Raum, der zu ebener Erde liegt, hat eine Tür nach rechts in den Hausflur. Eine zweite Tür in der Hinterwand verbindet das große Zimmer mit einem kleineren, das Herr Flamm seine Jagdkammer nennt. Es sind darin Vorrichtungen zur Anfertigung von Patronen; Kleider und Gewehre hängen an der Wand, ausgestopfte Vögel, die man bemerkt, wenn die Tür geöffnet wird, und der standesamtliche Aktenschrank. Der große Wohnraum macht mit seinen drei Fenstern auf der linken Seite, seiner braunen Balkendecke und seiner übrigen Einrichtung einen wohnlichen und behaglichen Eindruck (...)“ (21).

Ebenso sorgfältig beschreibt Hauptmann das Wohnzimmer von Roses Vater zu Beginn des 5. Aktes:

> „Die Wohnstube im Häuschen des alten Bernd. Sie ist ziemlich geräumig, hat graue Wände und eine alte geweißte Balkendecke. Eine Tür im Hintergrund führt zur Küche, eine Tür links zum Hausflur, rechts sind zwei Fensterchen. Zwischen diesen Fensterchen steht eine gelbe Kommode, auf ihr eine Petroleumlampe, unangezündet, darüber an der Wand hängt ein Spie-

gel. In der Ecke links ein Bauernofen. In der Ecke rechts Wachsleinwandsofa, Tisch mit Tischdecke und Hängelampe darüber (...)" (66).

2.2.2. Äußeres und Verhalten der Bühnenfiguren

So genau, wie er die Umwelt, in der die einzelnen Personen agieren, wiedergibt, so exakt beschreibt der Dichter das Äußere der Dramengestalten und wesentliche Züge ihres Verhaltens. Dafür sei die Vorbemerkung zum 1. Akt als Beleg angeführt. Hier kann man – nach der Beschreibung der Landschaft und nach Hinweisen auf die Zeit (ein Sonntagmorgen im Mai) – folgende Angaben finden:

> „Rose Bernd, ein schönes und kräftiges Bauernmädchen von zweiundzwanzig Jahren, kommt erregt und mit geröteten Wangen links hinter Büschen hervor und läßt sich an der Wegböschung nieder, nachdem sie scheue Blicke forschend nach allen Seiten gerichtet hat. Sie geht barfuß; ihr Rock ist geschürzt, Arme und Nacken sind bloß; sie bemüht sich, einen ihrer blonden Zöpfe, der aufgelöst ist, schnell wieder zu flechten" (7).

Schon in der Vorbemerkung zum 1. Akt fällt auf, daß Hauptmann als Naturalist ein starkes Interesse für die Psyche seiner Hauptgestalten entwickelt: Rose Bernd wirft „scheue Blicke forschend nach allen Seiten", und Flamm „macht einen scheuen, aber auch zugleich belustigten Eindruck" (7). Immer wieder und über alle Personen des Schauspiels sind Angaben zu finden, die über das Seelenleben Aufschluß geben. So heißt es im 1. Akt von dem Lokomobilenmaschinisten Arthur Streckmann, daß er „außergewöhnlich viel sowohl von sich hält als auch auf sich hält und daß er sich seiner besonderen Schönheit vollkommen bewußt ist" (12). Über Frau Flamm ist in der Vorbemerkung zum 2. Akt u. a. zu lesen: „Der Ausdruck ihres Gesichtes verrät Wohlwollen. Der Ernst ist ohne Härte darin. Um Auge, Nase und Mund spielt viel Schalkhaftigkeit" (22). Nicht immer zeigt Hauptmann allerdings in den ersten Regiebemerkungen zu einzelnen Personen Wesenszüge auf. Was er aber stets bietet, das sind anschauliche Personenbeschreibungen. So werden Vater Bernd und August Keil im 1. Akt wie folgt eingeführt:

> „Der alte Bernd ist weißbärtig, sein Organ ist weich, ähnlich, als ob er früher einmal ein schweres Lungenleiden überstanden hätte. Er sieht ungefähr aus wie ein ausgedienter, würdiger herrschaftlicher Kutscher. August Keil, der Buchbinder ist, hat ein bleiches Gesicht, dünnen, dunklen Schnurrbart und Spitzbart, schon stark gelichtetes Haupthaar und mitunter zuckende Bewegungen. Er ist mager, engbrüstig, und die ganze Gestalt verrät den Stubenhocker" (18).

2.2.3. Sprache

Naturalistisch ist Hauptmanns ,,Rose Bernd" – wie wir das auch schon an den ,,Webern" beobachten konnten – in der genauen Wiedergabe der Sprache. Wenn die ,,Sprache des Lebens" eine Forderung des literarischen Naturalismus war, so wurde sie hier erneut aufs sorgfältigste erfüllt. Von Jugend auf wußte Hauptmann, wie man in den einzelnen Dialektgebieten Schlesiens (die Forschung unterscheidet sechs Hauptmundarten) sprach. So konnte er, der eine Weile auf den Gütern Lohnig und Lederose im Kreise Striegau gelebt hatte, dort, wo er sein Schauspiel ,,Rose Bernd" ansiedelte, erneut ein genaues Abbild der Sprache bieten. Einfache Menschen, wie z. B. das Bauernmädchen Rose Bernd, sprechen durchweg gebirgsschlesischen Dialekt mit seiner typischen Wortwahl und Syntax. Zu diesen Mundartsprechern gehören auch der alte Bernd und August Keil, außerdem die Arbeiter bei Flamm und sonstige in Flamms Diensten Stehende: die alte Golischen und die beiden Mägde. – Christoph Flamm, der Besitzer eines großen Hofes, mit dem das Schultheißenamt erblich verbunden ist, steht gesellschaftlich weit über den anderen, die im Dorfe wohnen. Es ist aufschlußreich, daß er im Gespräch mit Rose Bernd (z. B. 1. Akt, 8–12) stark Mundartliches durchklingen läßt (,,is", ,,ooch", ,,wißte", ,,nich" u. v. a.), sonst aber eher auf das Hochdeutsche achtet, z. B. dann, als er sich mit Streckmann unterhält (vgl. 4. Akt, 50–52) oder mit August Keil ,,amtlich" spricht (vgl. 2. Akt, 25 f.). Von Frau Flamm kann man Ähnliches sagen; sie ist, wenn es der Gesprächspartner erfordert, durchaus in der Lage, Dialektausdrücke zu verwenden, läßt aber meistens eine dem Hochdeutschen stärker angenäherte Sprache erkennen. Sowohl Flamm wie seine Frau heben sich aber sprachlich nicht so weit von den anderen ab wie etwa der Fabrikant Dreißiger und Pastor Kittelhaus in den ,,Webern". Diese feine Abstufung war nur einem Dichter möglich, der – wie Gerhart Hauptmann – die schlesischen Gegebenheiten auf dem Lande genau kannte (in den Städten wurde, das sei nebenbei bemerkt, die Mundart sehr wenig verwendet, am geringsten vom Bildungsbürgertum, worin sich Schlesien z. B. von Süddeutschland abhob). Die sprachliche Anpassungsfähigkeit Flamms und seiner Frau zeigt deren Verbundenheit mit anderen Bewohnern des Ortes.

3. Struktur

3.1. Wichtige dramatische Kennzeichen

Bevor der Aufbau des Schauspiels „Rose Bernd" im einzelnen analysiert wird, ist es angebracht, in der gebotenen Kürze Grundsätzliches darzulegen. „Rose Bernd" ist ein soziales Drama ohne epische Breite und ohne epische Elemente; darin besteht ein wesentlicher Unterschied zu den „Webern". Das Werk zeigt keine Aneinanderreihung von Bildern mit stets neuem Handlungsansatz, wie es bei den „Webern" zu beobachten war, sondern eine zielstrebige und straffe dramatische Handlung. „Rose Bernd" stellt im Prinzip ein Entfaltungsdrama dar[97]. Allerdings enthält es analytische Elemente, worauf insbesondere Wolfgang Butzlaff in seinem Aufsatz „Die Enthüllungstechnik in Hauptmanns ‚Rose Bernd'" hinwies[98]. Butzlaff stellte auf sehr übersichtliche Weise alle Ereignisse zusammen, die den Akteuren bzw. dem Zuschauer an geeigneter Stelle enthüllt werden[99]; es ging ihm dabei nicht nur um das Was, sondern auch um das Wie der Aufdeckung. Richtig ist Butzlaffs Feststellung, daß für Rose Bernd, „die immer am zunächst verborgenen Geschehen beteiligt ist", und Streckmann, „der als Mitwisser von Roses Verhältnis mit Flamm den dramatischen Ablauf in Gang bringt"[100], der jeweilige Zeitpunkt der Enthüllung keine Rolle spielt, während er für Flamm, Frau Flamm, August Keil und Vater Bernd wichtig ist. Obwohl in Hauptmanns Drama „Rose Bernd" der Enthüllungstechnik eine wesentliche Aufgabe zukommt, kann man Butzlaff nicht zustimmen, wenn er schreibt: „Nur einmal in diesem Stück geschieht eigentlich etwas auf der Bühne, nämlich am Ende des III. Aktes (also fast genau in der Mitte des Dramas), als Streckmann August Keil ein Auge ausschlägt. Hier muß etwas geschehen, weil die Spannung fast auf den Nullpunkt gesunken ist[101]." Dazu muß man feststellen, daß eine Menge auf der Bühne geschieht, also nicht etwa nur über Ereignisse gesprochen wird. Es werden insbesondere die Dinge enthüllt, die man wohl kaum auf der Bühne zeigen kann, z. B. Rose Bernds intimes Beisammensein mit Flamm, das zur Schwangerschaft führt, Roses Vergewaltigung durch Streckmann, Roses Niederkunft und der Mord am Säugling.

Die Enthüllungstechnik, welche in Hauptmanns Drama für Spannung sorgt, hat im Drama Tradition. Ebenso konventionell ist das Schauspiel in der Form. „Rose Bernd" ist kein „offenes" Drama, sondern weist eine geschlossene Form auf; es enthält keines der Kennzeichen, die Volker Klotz dem erstgenannten Typ zuwies[102]. Wie noch näher darzulegen sein wird, ist „Rose Bernd" eine Tragödie mit klassisch-strenger Formgebung, wie sie z. B. Gustav Freytag in seiner „Technik des Dramas" (1863) aufzeigte; von der Exposition bis zur Katastrophe ist das Werk kunstvoll und dramatisch wirkungsvoll gebaut. Zusammen mit „Fuhrmann Henschel" (1898) und „Die Ratten" (1911) gehört nach Peter Szondis Meinung „Rose Bernd" zu den „letzten deutschen Dramen, die noch Dramen sind"[103]. Allerdings spielt in diesem Werk die übliche Intrige, die man als Strukturmerkmal des klassischen Dramas bezeichnen kann, keine Rolle; Streckmann erpreßt das Mädchen und sucht seinen Vorteil. Menschliches Leid wird als unausweichliches Schicksal gesehen, das den einzelnen erfassen kann.

3.2. Naturalistische Kennzeichen der Handlung und der Dramenfiguren

Typisch naturalistisch ist die Determiniertheit des Geschehens: der Mensch, zum Opfer erniedrigt, erleidet das Geschick, das ihm die Umgebung und der eigene Charakter auferlegen. Am Beispiel Rose Bernds sieht man die schicksalhafte Verstrickung des einzelnen durch Vererbung, Milieu und soziale Situation.

Die Orte des Geschehens stellen einen Teil des „Milieus" dar, welches – zusammen mit anderen Faktoren – in das menschliche Leben eingreift. Nehmen wir drei Beispiele!

In der „fruchtbare[n] Landschaft" (7) des ersten und des dritten Akts wird Rose Bernds und auch Christoph Flamms Sinnlichkeit zur Glut gesteigert. Das Wohnzimmer Flamms im zweiten und im vierten Aufzug dagegen scheint die menschliche Handlungsfreiheit wie ein Käfig einzuengen, und so mag sich Frau Flamm wie eine Gefangene fühlen. Noch enger ist das kleinbürgerliche Zimmer des alten Bernd im fünften Akt, das sowohl Abgeschiedenheit wie Kälte ahnen läßt.

Typisch naturalistisch ist auch die Passivität des „Helden". Rose Bernd ist schicksalsergeben; sie versucht an keiner Stelle ernsthaft, sich gegen das Geschehen zu erheben. Damit reiht sie sich in die Reihe ähnlicher Gestalten ein, die Hauptmanns naturalistische

Dramen zeigen, u. a. die Weber, Florian Geyer, Hanne Schäl bzw. Fuhrmann Henschel und Frau John. Allen ist es nicht möglich, sich von den Fesseln zu befreien, die Anlage und Milieu für sie darstellen; sie erliegen, sich mehr oder minder aufbäumend, den jeweiligen Zwängen.

3.3. Der tragische Konflikt und sein Fortgang in den fünf Aufzügen

Das schicksalhafte Geschehen in „Rose Bernd" umfaßt einen Zeitraum von einigen Monaten. Es führt von einem Sonntagvormittag im Mai (1. Akt) über einen Morgen im Spätfrühling (2. Akt) und einen heißen Nachmittag im August (3. Akt) hin zu einem Nachmittag (4. Akt) und Abend (5. Akt) desselben Tages im September.

Erster Akt

Der 1. Aufzug bietet eine Exposition in gedrängter Form. Der Zuschauer lernt alle wesentlichen Personen kennen, nur noch nicht Frau Flamm, von der man allerdings schon spricht. Rose Bernd, die im Mittelpunkt des ganzen Dramas steht, tritt als erste auf; ihr folgt, ebenfalls aus dem Gebüsch schleichend, Christoph Flamm. Später erscheint, Flamm zur Flucht veranlassend, Arthur Streckmann, und schließlich treten, vom Kirchenbesuch kommend, der alte Bernd und August Keil auf.

Flamms und Roses Liebesverhältnis steht an seinem Endpunkt. Rose will sich lösen und August Keil heiraten:

> „Ich hab'n woll lange genug hingehalten. Über zwee Jahre wart't a nu schonn. Nu drängt er mich eemal. A wart't ni mehr! Und's kann o nu wirklich so ni mehr gehn" (10).

Rose hat dem Geliebten bereits gesagt, daß es für sie endgültig Schluß sei – da küßt Flamm sie nochmals leidenschaftlich.

Hier nun setzt das tragische Geschehen ein, weil der Lokomobilenmaschinist Streckmann, der eher als die anderen die Kirche verlassen hat, die Umarmung beobachtet hat. Beide, Rose Bernd wie Arthur Streckmann, verstellen sich: sie bearbeitet (am Sonntag!) rasch mit der Hacke den Kartoffelacker, und er tut so, „als ob er jetzt erst Rose bemerkte" (12). Streckmann beginnt mit seinen eindeutigen Anspielungen: „Wenn das ni Flamm-Schulze von Dießdorf war! Ich ha heute noch kee Treppla getrunka. Hoot a dich ni bei a Zeppa kutschiert? Hoot a dich nie ei de Weida geschmissa?" (16). Eindeutig wird sein Anspruch auf Roses Gunst: ,,(...) Ich weld' mir ju gerne genug o was rausnahma: wo Flamm-Schulz hiereicht, komm' ich o no mit" (16). Mit Geringschätzung spricht Streckmann auch von dem Mann, den Rose heiraten soll, August Keil, und vom alten Bernd: ,,Vor den Gebetbichla-Hengsta fürcht' ich mich nich!" (17). Schon jetzt schätzt Rose den Mitwisser Streckmann als Schürzenjäger richtig ein: ,,In welches Frovolk tät'st du ni vernorrt sein!" (17). Sie droht dem möglichen Erpresser auch schon: ,,Streckmann! Ich schlo d'r a Schadel ei!" (16) Zwischen ihr und dem Maschinisten kann es zu keiner echten Liebesbeziehung kommen; von Anfang an besteht ein Haß, der zu Unheil führen muß. Wenn Hauptmann ausgerechnet Streckmann sagen läßt ,,Nu also, ihr sullt balde fröhliche Huxt mach'n!" (20), dann ist das im Grunde tragische Ironie, denn gerade der Maschinist wird es sein, der ein solches glückliches Ende durch sein erpresserisches Handeln verhindern wird.

Während Rose Bernd Streckmann haßt, ist sie Christoph Flamm in Liebe zugetan. Ihre Liebe empfindet der Zuschauer auch nicht als unschicklich. Beide gehören von Natur zusammen, sie, ,,ein schönes und kräftiges Bauernmädchen", und er, ,,eine kernige, frische lebenslustige, breitschultrig imponierende und durchaus sympathische Erscheinung" (7). Rose paßt so gar nicht zu dem kränklichen, stillen und zurückgezogen lebenden August Keil, und Flamm ist an eine Frau gebunden, die seit ihrer Erkrankung vor neun Jahren dem vitalen Ehemann keine körperliche Liebe zu schenken vermag. Freilich: die Lage ist aussichtslos, denn Christoph Flamm ist nicht frei, und seine Frau scheint verständnisvoll und gütig zu sein. Rose Bernd handelt ,,mit Entschluß" (11) und mit starkem Willen, eine neue Ordnung zu schaffen, doch bleibt im 1. Akt die Frage, ob ihr das gelingen wird. Schlimmer ist allerdings die Tatsache, daß Streckmann gerade die Abschiedsumarmung beobachtet hat und sein scheußliches ,,Spiel" beginnen kann. Rose Bernd, die man als lachendes Mädchen kennenlernt, wird im Verlauf des 1. Akts zunehmend tiefer in seelische Nöte gestürzt. Sie ist am Ende des 1. Aufzugs eine Geängstigte, Gehetzte. Der alte Bernd bemerkt Streckmanns Anspielungen nicht, und August Keil versteht das Verhalten des gesunden, schönen Mannes Rose gegenüber nicht. Sie aber leidet Qualen, könnte doch Streckmann ihre und ihres Vaters Zukunftspläne zunichte machen. Es ist Rose auch unmöglich, in dieser Lage in die

Arme eines geliebten Mannes zu flüchten, der alles verzeiht; sie liebt August Keil nicht, sie sieht in ihm nur einen Ausweg, den zudem ihr Vater wünscht.

Zweiter Akt

Der 2. Aufzug, der im Spätfrühling im großen Wohnzimmer des Erbscholtiseibesitzers Christoph Flamm (ihm obliegen auch standesamtliche Angelegenheiten) spielt, bringt eine Steigerung des dramatischen Konflikts. Der alte Bernd, „Waisenrat und Kirchenvorsteher" (22), möchte zusammen mit August Keil, dem erhofften künftigen Schwiegersohn, den „Leutnant" (22) – dieser militärische Titel steht über dem des Schultheißen – Flamm sprechen. Das Aufgebot soll bestellt werden: „Se [Rose] hat ja a langes Gewirge gemacht. Jetze drängt se dazu aus freien Sticken. Lieber heute wie morgen soll Hochzeit sein" (23). Man erfährt, August habe sich dreitausend Mark geborgt und damit das Lachmannsche Haus, das „direkt vor der Kirche" (23) liegt, mit einem Stück Land gekauft. Frau Henriette Flamm, der Rose ans Herz gewachsen ist, freut sich ehrlich. Christoph Flamm versucht aber mit verschiedenen Argumenten, die von Bernd nachhaltig unterstützte Eheschließung hinauszuzögern. Rose, von ihrem Vater hereingeholt, verläßt ihr Mut, als sie Christoph Flamm ins Gesicht blickt: „'s hätte o gutt noch a bißl Zeit!" (27). Man erfährt zudem, Streckmann habe draußen „immer in se reingered't" (27) und er habe dem alten Bernd wie auch August Keil „irgendwas nachgerufen" (27). Es fällt ein ominöses Wort Bernds: „Den Streckmann, den wer ich noch miss'n anzeigen" (27). Rose steht zwischen Keil („Die Sache wird jetzt ei Ordnung gebracht", 27) und Flamm („Schon in vier, fünf Wochen? (...) Es geht ja nicht übers Knie zu brechen, und...", 27). Roses Haltung bringt Bernd und Keil dazu, den Raum in höchster Erregung zu verlassen. Flamm glaubt, Rose noch eine Weile für sich behalten zu können: „Rose, heerst du denn nich?! Wir missen uns hinterm Vorwerk treffen! Ich muß alles noch mal bereden mit dir" (30). Rose, der „schwerste innere Erregungen" (29) anzumerken sind, lehnt heftig ab. – Im anschließenden Gespräch mit der gütigen Frau Flamm äußert Rose Selbstmordabsichten. Es könnte sich nun aber eine Lösung des Konflikts anbahnen, wenn Rose, die ihre Schwangerschaft durchblicken läßt, sich voll der Frau Flamm anvertraute. Henriette Flamms Argument für die Eheschließung („... und a

Kind muß eemal an'n Vater han!" 33) führt zu keinem Erfolg, und Frau Flamm kann den Hinweis auf den Maschinisten („Ich will mich ja ooch weiter kinftig nich sperr'n, bloß ... Streckmann", 33) nicht verstehen. Da Rose aus Scham und Angst schweigt, ist eine Lösung des Konflikts nicht in Sicht.

Dritter Akt

Den Höhepunkt des dramatischen Konflikts in „Rose Bernd" bringt der 3. Aufzug. Die anfängliche Idylle („Eine fruchtbare Landschaft", 34) ist trügerisch: „das Summen der Dreschmaschine" (34) in der Ferne deutet das Vorhandensein der Technik an, und der „Pfiff der Lokomobile" (36) kündigt Streckmann, der dem alten Bernd und August Keil verhaßt ist, an. Es wird deutlich, daß Roses Versuch, ihr Schicksal durch eine Zusammenkunft mit dem Maschinisten zu wenden, vergebens war. Streckmann, der zu Bernd, Keil und den Feldarbeitern stößt, läßt seine Anspielungen nicht, als es um Rose geht:

> „O ja!! Iich hätte beinahe woas gesoat. (...) Iich war euch amal a Ratsel uffgah'n! Sool ich? Stille Woasser sein tief! 's iis biese: Ma sool ieberhaupt ni erscht Blutt lecka! A werd doch bloß immer schlimmer, d'r Durscht" (42).

Noch können der alte Bernd und August diese Anspielungen nicht begreifen. Zu einem retardierenden Moment vor dem Höhepunkt des Konflikts kommt es, als Flamm Rose Bernd, die inzwischen allein ist, auf dem Feld antrifft. Sie offenbart ihm nichts Konkretes und begnügt sich mit Anspielungen, zum Beispiel dann, als sie vom „Unterpfand" (45) ihrer gegenseitigen Liebe spricht, das ihre Erinnerung an ihn stets wachhalten werde. Sie verabschiedet sich von dem Mann, von dem sie ein Kind empfangen hat, endgültig: „Was sein muß, muß sein! Und nu is gutt!" (46) Ohne Streckmanns erpresserisches Verhalten könnte es nun noch immer zu einem guten Ende des Geschehens kommen, denn August Keil hat eine gewisse Zuneigung Roses („Ich bin d'r gutt!" 42) und könnte sich vielleicht auch mit dem Fehltritt seiner Zukünftigen abfinden.

In der anschließenden Auseinandersetzung zwischen Rose und Streckmann schleudert ihm diese eine Anklage offen ins Gesicht: „Du hast an mir a Verbrecha beganga!! (...) Du hust mir Gewalt angetan!" (48). Ihre Drohung („Ich bring's zur Oanzeige ...", 49) führt zu einer rasenden Wut Streckmanns. Der Höhepunkt des

Konflikts ist die Auseinandersetzung zwischen August Keil und Arthur Streckmann. Der Maschinist, von Keil zur Rede gestellt, schlägt den Buchbinder nieder und verletzt ihn schwer. Als der alte Bernd „Rechenschaft" fordert, kommt es zu Streckmanns folgenschwerster Äußerung: „Die Schweinerei! Wegen dem Frovolke da, die mit all'r Welt a Gestecke hat ..." (49). Nun ist die Wende zum Schlimmen da und eine Rettung Rose Bernds nicht mehr möglich. Der alte Bernd wird Anklage wegen Verleumdung erheben, was nach Lage der Dinge zur Schande seiner Tochter führen muß.

Hier wird deutlich, daß auch das „Milieu" zu Roses Verderben beiträgt. In der Welt des kleinen schlesischen Dorfes muß das, was Rose aufgrund ihres Wesens angetan wurde, zur Katastrophe führen, weil die kleine Gemeinschaft keinen Fehltritt, der offenbar wird, duldet. Lebte Rose in einer größeren Stadt, könnte deren Anonymität dazu beitragen, das Geschehene und seine Folgen zu überwinden – unter der Voraussetzung, daß der alte Bernd sein „Recht" nicht bis zur letzten Konsequenz forderte und auch bereit wäre, anderen zu vergeben, wenn sie reuig sind.

Vierter Akt

Der 4. Aufzug des Dramas beginnt mit einem retardierenden Moment. Christoph Flamm und seine Frau leiden darunter, daß Kurt, ihr einziges Kind, vor Jahren gestorben ist. Frau Flamms Vorschlag gegenüber ihrem Mann, ein Kind zu adoptieren, könnte einen Ausweg darstellen, freilich nur dann, wenn Flamm die goldene Brücke betritt, die seine Frau baut. Frau Flamms Hinweis auf ihre Zuneigung für Rose soll den Gedanken an eine Adoption vorbereiten; Henriette Flamm will Rose helfen. Ihre Vermutung, ihr Mann verheimliche ihr etwas, könnte ihn zu einem Geständnis bringen, das sie gar nicht zu erwarten vermag. Das Gespräch führt aber zu keiner Lösung. Flamm muß am Ende aus dem Munde seiner Frau erfahren, daß „Streckmann im Rechte is" und daß Rose „schonn vor ieber acht Wochen" (55) ihre Schwangerschaft gebeichtet hat. Flamms Verwirrung ist vollkommen. Anschließend verliert auch die sonst so ruhige Frau Flamm den Boden unter den Füßen, als sie von Keil hört, Flamm habe den alten Bernd „von d'r Klage abbringen" (58) wollen und sei auch selbst vor den Untersuchungsrichter geladen worden. Nun kommt es zu einem späten Bekenntnis des Leutnants. Mit Macht setzt jetzt die fallende Handlung des Dramas ein. Es war, so sieht man, eine irrige Annahme, es könne einen Ausweg aus dem Konflikt geben. Rose Bernd äußert sich im Gespräch mit Frau Flamm, die ihr volles Wissen zu erkennen gibt, wie vor Gericht: „Und wenn Se mich totschlagen, ich weeß weiter nischt“ (63). Vor Gericht hat sie aus Scham einen Meineid geschworen, was jetzt enthüllt wird. Frau Flamm zeigt nun gute Menschenkenntnis, als Rose weiterhin alles abstreitet:

> „Na Mädel, da sag' ich dirsch uff a Kopp druff: wenn du das ni weeßt und vergessen hast, da hast du ganz einfach a beeses Gewissen! Da hast du noch andre Sachen gebahnt! Und wenn du noch a Geheimnis hast, da hängt das mit nischt wie mit dem Streckmann zusammen; da is das der Kerl, der dich unglicklich macht“ (63).

Rose leugnet hartnäckig: „Mit Streckmann ha ich nischt! Der Lump hat's Blaue vom Himmel gelogen“ (64). Später bricht sie aber zusammen und bekennt: „Ich hoa mich geschaamt!“ (65). Allerdings ist ihr Meineid nicht mehr rückgängig zu machen, und eine Lösung des Konflikts ist nicht mehr möglich.

Fünfter Akt

Es ist kein Zufall, daß Hauptmann den 5. Aufzug in der „Wohnstube im Häuschen des alten Bernd“ (66) spielen läßt. Roses Schicksal kann sich nur dort erfüllen, wo sie zu Hause ist, und man muß die abweisende Kälte spüren, die das Haus des frommen Mannes ausstrahlt. Das biblische Bild an der Wand über dem Sofa mit dem Spruch „Lasset die Kindlein zu mir kommen!“ (66) kann man nur als Ironie empfinden, als harten Kontrast zum wirklichen Sein des alten Bernd. – Nur wenige Stunden sind seit Roses Geständnis gegenüber Frau Flamm (sie ist der Unglücklichen einzige Vertrauensperson) vergangen. Nun strebt der Konflikt der Katastrophe zu. August Keils Forderung, der alte Bernd müsse seine Klage gegen Streckmann zurücknehmen, wird von dem streitbaren Mann zurückgewiesen: „Das bleibt eine Ruchlosigkeit, aso a'm Mädel de Ehre abzuschneiden. Das is a Verbrechen, das Strafe verdient“ (71). Auch Keils Hinweis auf Flamms Verhalten vor Gericht („Herr Flamm hat aber 'n Eid geschworen“, 73) und auf Streckmanns Sinneswandel vermag den Starrsinnigen nicht umzustimmen.

Als Rose auftritt, zeigt sie Zeichen geistiger Verwirrung, denn auf den Vorwurf, sie habe „falsche Eide geschworen“ antwortet sie nur „bitter lachend“: „Ich weeß ni! Das kann ja all's meeglich sein – ich kann mich dadruff ni besinnen jetzunder: aus Lüg'n und Triig'n besteht de Welt" (76). Das viel schlimmere Verbrechen, nämlich der Mord an ihrem Kinde, wird gleich danach offenbar, und so kann der ohnehin anwesende Gendarm gleich eine eigentlich nicht beabsichtigte Amtshandlung durchführen.

Roses ganzer Leidensweg wird offenbar, als sie sagt:

> „Alle Männer war'n hinter mir her! Ich hab mich versteckt! Ich hab mich gefircht! Ich hab solche Angst vor a Männern gehabt! 's half nischt, 's ward immer schlimmer dahier! Hernach bin ich von Schlinge zu Schlinge getreten, daß ich gar ni bin mehr zur Besinnung gekomm" (77).

Ihre Verzweiflungstat ist für ihren Vater etwas Schreckliches, das man nicht verzeihen kann. Auch August Keil spricht von einem Verbrechen, doch findet er allein ein Wort des Mitleids: „Das Mädel ... was muß die gelitten han!" (79). Gleiches Mitleid kann man nur von der gütigen Frau Flamm erwarten. In diesem Zusammenhang sei auf die Beobachtung H. J. Schrimpfs hingewiesen, daß „bezeichnenderweise Gestalten die durch ein langes Leben der Einsamkeit (Rollstuhl, Waisenhaus) und Leiderfahrung (Unglück, Krankheit) gegangen und von ihm gezeichnet sind"[104], in Hauptmanns Werken Mitgefühl empfinden.

3.4. Der Ausgang der tragischen Entwicklung und die Intentionen des Dichters

Rose hat in trostloser Einsamkeit und Verlassenheit gehandelt. Tragische Notwendigkeit war es, die zu diesem Leid führte, denn ihr Schicksal in dieser Welt war hauptsächlich durch ihr Wesen determiniert. Durch den Mord an ihrem Kinde hat sie schwere Schuld auf sich geladen, für die sie nun die weltliche Strafe zu erwarten hat. Schicksalhaft ist Rose Bernd in furchtbare Verstrickung hineingerissen worden. Ihr qualvolles Schicksal ist ein Teil des großen Leides, das – so sieht es Hauptmann – der Mensch zu tragen hat. Vielen Werken des Dichters kann man die Auffassung entnehmen, es sei das Los des Menschen auf Erden, Leid zu tragen und zu ertragen. Eine wichtige Intention des Verfassers war es stets, unser Mit-Leiden zu erwecken, was zur Läuterung des schuldhaften Menschen führen sollte. Gerade Hauptmanns naturalistische Tragödien, die des Menschen Determiniertheit zeigten, vermochten diesem Ziele in besonderem Maße zu dienen.

„Die Ratten" (1911)

1. Entstehung und Thematik

Mit der Arbeit an dieser „Berliner Tragikomödie" (5) begann Gerhart Hauptmann im Frühjahr 1909 in Sestri Levante und in Portofino; sie wurde im Sommer 1909 und im Winter 1909/10 fortgesetzt und im Sommer 1910 in Agnetendorf/Riesengebirge beendet. Als Einzelausgabe erschien das Werk 1911 im Verlag S. Fischer. Die Uraufführung fand am 13. 1. 1911 im Lessingtheater zu Berlin statt.

Die Anregung zu dem Drama „Die Ratten" reicht weit zurück. In seiner Prosaschrift „Das Abenteuer meiner Jugend" (1937) berichtet der Dichter auch von seiner Berliner Studentenzeit 1884/85. Das Urbild von Harro Hassenreuter war Alexander Heßler, bei dem Hauptmann – wie Erich Spitta im Drama – Schauspielunterricht nahm, und zwar in der Franzer-Kaserne in der Alexanderstraße im Berliner Osten. Im „Abenteuer meiner Jugend" heißt es: „Alexander Heßler, weiland Direktor des Straßburger Königlichen Theaters, hatte aus seinem Zusammenbruch seiner Vermögensumstände zahllose Kisten mit Kostümen und Requisiten, einen Fundus also, gerettet und auf dem Boden einer alten Kaserne untergebracht. Dahin ging ich von Erkner[105] aus regelmäßig zum Schauspielunterricht. Ich brauche davon nicht mehr zu sagen; eines meiner späteren Werke, ‚Die Ratten', ist auf den Eindrücken dieses Milieus aufgebaut" (CA VII, 1046). In der autobiographischen Schrift „Zweites Vierteljahrhundert" ist über Heßler zu lesen:

> „Er hat uns mehrmals in Erkner besucht (...) ‚Um Gotteswillen', sagte er in seiner lebhaften, leidenschaftlich-theatralischen Art, als er wohl etwas von meinem Bühnenehrgeiz zu spüren bekam. ‚Mensch, Sie haben die hübscheste Frau und Kinder, Sie haben die nötige Rente, das nötige Kapital, um Gotteswillen, wer heißt Sie denn diesen blutsauren Weg betreten? Danken Sie Gott, und bleiben Sie, was und wie Sie sind'" (CA XI, 491).

Im September 1885 zog Hauptmann mit seiner Familie von Berlin nach Erkner. In dieser schriftstellerisch so fruchtbaren Zeit[106] entstand 1887 die Fragment gebliebene Erzählung „Der Buchstabe tötet" (CA XI, 27–29)[107]: Das Zimmermädchen Marie, das sein uneheliches Kind bei dem Maurer Filiz und dessen Ehefrau untergebracht hat, taucht eines Tages wieder auf. Nach einer Woche kommt die junge Mutter erneut. Sie zahlt ,,hastig etwas Geld auf den Tisch" (CA XI, 28), nachdem sie erwähnt hat, ,,daß sie seit einigen Wochen verheiratet sei" (CA XI, 28). Als Lieschen, das Töchterchen, hereinkommt, küßt es deren Mutter; das Kind läuft aber weg. Marie scheint noch etwas sagen zu wollen, geht dann jedoch. Filiz ist ,,vollkommen umgewandelt" (CA XI, 29), möchte das Geld gar nicht haben (weil er kein Pflegegeld annehmen will) und ist wohl nicht bereit, den offensichtlichen Wunsch der Mutter des Kindes zu erfüllen. Das Motiv des ,,Ratten"-Stoffes wurde hier deutlich angeschlagen. Frau Filiz darf man wohl als das Urbild der Frau John betrachten.

Auf eine weitere Spur verwiesen W. Requardt und M. Machatzke in ihrem Buch ,,Gerhart Hauptmann und Erkner". Ein Themenkatalog aus dem Jahre 1887 (GH Hs 267, Beilage 8), ,,der sich auf einem in den Kalender von 1889 eingelegten Einzelblatt befindet und nicht weniger als dreißig geplante erzählerische Studien und Skizzen auflistet", nannte das Stichwort ,,Heßler Maskenverleihanstalt"[108].

Das Tagebuch von 1897 enthält, wie Hans von Brescius berichtete, den Hinweis: ,,Heßler, Alexander, und seine Zitate"[109]. Nach Ansicht von Requardt/Machatzke dürfte es sich bei ,,Der Buchstabe tötet" und ,,Heßler Maskenverleihanstalt" ,,eher um zwei zunächst voneinander unabhängige Projekte handeln, deren Themen erst später kontaminiert wurden"[110].

In dem Programmheft der ,,Freien Volksbühne" (Berlin) von 1977/78 zu den ,,Ratten" wies Hans von Brescius auf eine weitere Vorstufe des Dramas und auf eine zusätzliche Quelle hin. Aus dem Jahre 1906 stammt das Dramenfragment ,,Neue Tragikomödie", das zwischen Bohème und kriminellem Untergrund in Berlin NO angesiedelt ist; es handelt sich um eine Erinnerung an die Jahre 1884/85 und an das Rosenthaler Viertel, in dem Hauptmann damals lebte. – Am 13.2.1907 stand im ,,Berliner Lokalanzeiger" in der Rubrik ,,Aus den Gerichtssälen" eine Notiz über den Fall der Elisabeth M., der zu Aufzeichnungen in Hauptmanns Arbeitsbuch führte. Die Zeitungsnotiz berichtete von der Tat der Frau des Garderobiers M. in Rummelsburg. Da ihre Ehe kinderlos blieb, gab Frau M. das Kind des Dienstmädchens B. als ihr eigenes aus. Frau M. ist nach Hans von Brescius das eigentliche Urbild der Frau John.

Eine Fassung des Dramas ,,Die Ratten", die der endgültigen Textgestalt des 5. Aktes unmittelbar vorausgeht, ist unter dem Titel

,,Der Storch beim Maskenverleiher. Berliner Tragikomödie" überliefert (CA IX, 1181–1202)[111].

Über die Thematik des sozialen Dramas ,,Die Ratten" schrieb Gerhart Hauptmann 1911:

> ,,(...) Die Idee des Dramas bestand aus dem Gegensatz zweier Welten und hatte diese beiden Welten zum Ausgangsgrund. Nach meinen Begriffen gibt es eine errechnete Handlung nicht, also gibt es nur eine natürliche. Eine so natürliche Handlung entwickelt sich aus einem Komplex von Personen, die die Notdurft gesellschaftlichen Lebens zueinander bringt und die auch nur natürlich ist. In meinem Fall bestand die Voraussetzung der Tragikomödie in der Existenz des Theaterdirektors Hassenreuter, der seinen Fundus im Dachgeschoß einer alten Reiterkaserne unterbringen mußte und der ein Reinmacheweib (Henriette John) dafür anzustellen genötigt war. Sobald die sukzessive Bewegung dramatischen Lebens beginnt, bewegt sich Hassenreuter ideell und real im Kreise seiner Familie nach seinem ideellen und praktischen Interessenziel, Frau John ideell und real in der ihrigen und ebenfalls nach ihren praktischen sowie ideal[en] Interessenziel[en] (...)"

(,,Die Ratten", in: ,,Nachlese zur theoretischen Prosa. 1889–1913", CA XI, 809f.).

Das Drama, dessen Grundidee Hauptmann im Jahre der Uraufführung mit den eben zitierten Sätzen umriß, hatte noch andere Grundlagen als die schon genannten. Auf weitere Quellen und Einflüsse wies Roy C. Cowen in seinem ,,Hauptmann-Kommentar zum dramatischen Werk"[112] hin. Pastor Spitta trägt den Namen des Theologen und Kirchenlieddichters Karl Johann Philipp Spitta (1801–1859); dessen Sohn hieß Friedrich Spitta (1852–1924), und er war Professor der Theologie in Straßburg und in Göttingen. – Cowen führte daneben an, Frank Wedekind habe vermutet, daß Hauptmann ,,nicht nur seine Familienverhältnisse als die Grundlage für das *Friedensfest* verwendet, sondern auch einiges für die *Ratten* aus *So ist das Leben* und *Musik* entlehnt habe"[113]. – Nicht zu übersehen ist, daß Schiller einen indirekten Einfluß ausübte, worauf Cowen mit Recht hinwies. Hauptmann läßt, ohne daß man hier ohne weiteres sein eigenes künstlerisches Bekenntnis wiederzufinden vermag, den jungen Spitta Gedanken über die naturalistische Schauspielkunst äußern, die im Gegensatz zur angeblich überholten Auffassung Schillers stehen (vgl. 3. Akt, 51–53). Nicht hierin liegt, wie Cowen hervorhob[114], eine ,,Satire auf die Klassiker", sondern in Hauptmanns Tragödien-Begriff. Schon Gerhard Kaiser wies auf die nichtklassische Auffassung der griechischen Tragödie durch Gerhart Hauptmann hin[115] und belegte seine Behauptungen gerade mit Beispielen aus den „Ratten". Hauptmanns Tragödien-Auffassung geht u.a. aus dem „Griechischen Frühling" (1907) hervor: „Tragödie heißt: Freundschaft, Verfolgung, Haß und Liebe als Lebenswut! Tragödie heißt: Angst, Not, Gefahr, Pein, Qual, Marter, heißt Tükke, Verbrechen, Niedertracht, heißt Mord, Blutgier, Blutschande, Schlächterei" (CA VII, 80). Kaiser meinte dazu im Hinblick auf „Die Ratten": „Nichts anderes als diesen entsetzlichen Kampf des Lebens mit sich selbst stellt die John-Tragödie vor Augen"[116]. Es kommt hinzu, daß nicht nur eine Tragödie vorliegt, sondern daß das Werk auch komödienhafte Züge trägt. Die Hassenreuter-Handlung kann man, wenn man Kaiser folgt, mit dem „Chor" der antiken Tragödie und in Schillers „Braut von Messina" vergleichen. Zur Wirkung dieses Nebeneinanders äußerte sich Kaiser wie folgt: „Aus der tragischen Perspektive der John-Handlung wird die Hassenreuter-Komödie, aus der komischen Perspektive der Hassenreuter-Handlung die John-Tragödie denaturiert"[117]. Zusammenfassend ist festzuhalten, daß sich bei der Entstehung des Dramas „Die Ratten" die Beschäftigung mit Schiller und dem klassischen Drama weit diffiziler auswirkte, als man zunächst annehmen könnte. Cowen hielt als Ergebnis der entsprechenden Untersuchungen fest: „Die Antike, Schiller und seine idealisierende Auffassung von ihr wirken in den *Ratten* weiter nicht bloß als Bildungselemente oder Einflüsse, sondern als wesentliche Aspekte der Parodie und damit der Tragikomik des Stücks"[118].

2. Gestaltung

2.1. Die Tragikomödie „Die Ratten" als dramatische Mischform

Zwischen der Uraufführung von „Rose Bernd" (31.10.1903) und der Tragikomödie „Die Ratten" (13.1.1911) liegen die Premieren ganz anders gearteter Stücke: „Elga" (1905), „Und Pippa tanzt!" (1906), „Die Jungfern vom Bischofsberg" (1907), „Kaiser Karls Geisel" (1908) und „Griselda" (1909). Ihnen ist gemeinsam, daß sie weder inhaltlich noch formal Kennzeichen naturalistischer Dramen tragen. „Die Ratten" bedeuten dagegen einen Rückgriff auf Bewährtes, das mit ,,Rose Bernd" 1903 seinen vorläufigen Abschluß gefunden hatte. Dennoch konnte und wollte Gerhart Hauptmann auf künstlerischem Gebiet neu Errungenes nicht völlig ausklammern, und so weist die Tragikomödie in manchem eine Mischform auf.

2.2. *Elemente des naturalistischen Dramas*

Am deutlichsten wird die Tatsache, daß der Dichter auf seine naturalistische Schaffensweise zurückgriff. Hier kann davon freilich nur einiges erwähnt werden.

2.2.1. Milieuwiedergabe

Naturalistisch ist Hauptmanns Milieuschilderung. Das Werk spielt in der muffigen Atmosphäre einer Berliner Mietskaserne. Die Akte 1 und 3 führen ins Dachgeschoß, in dem der frühere Theaterdirektor Harro Hassenreuter seinen Theaterfundus untergebracht hat, die Aufzüge 2, 4 und 5 spielen in der Wohnung des Maurerpoliers John und seiner Frau. G. Hauptmann gibt, wie in den frühen naturalistischen Werken, in den Akt-Einführungen eine genaue Beschreibung des Spielorts. Man kann dabei durchaus sagen, daß der Raum zum Mitträger der Handlung wird. Die Wohnung des Ehepaares John läßt zwar die ,,frühere Bestimmung als Kasernenraum" (26) erkennen, zeigt aber doch bescheidenen kleinbürgerlichen Wohlstand und läßt in vielen Einzelheiten das Wirken einer Frau erkennen, die allen Forderungen gerecht werden möchte; die Wohnung macht im übrigen ,,einen sauberen und gepflegten Eindruck, wie man es bei kinderlosen Ehepaaren des öfteren trifft" (27). Der Eindruck bürgerlicher Behaglichkeit täuscht; in Wahrheit droht das Chaos, und so liegt in der muffigen Atmosphäre Bedrohliches. – Das Dachgeschoß, von dem man nicht weiß, ,,ob man sich in der Rüstkammer eines alten Schlosses, in einem Antiquitätenmagazin oder bei einem Maskenverleiher befindet" (7), ist das Reich Hassenreuters; es ,,zeigt eine malerische Unordnung" (8) und paßt so ganz zur Welt des Theaters, die von bürgerlicher Ordnungsliebe weit entfernt ist. Die beiden Handlungsräume der ,,Ratten" werden von Hauptmann so detailliert beschrieben, wie man es von den frühen naturalistischen Dramen kennt.

2.2.2. Personengestaltung und -beschreibung

Naturalistisch arbeitete der Dichter nicht nur bei der Schilderung des Milieus, so weit es Räume betrifft, sondern auch bei der Gestaltung der Personen. Es sind Bühnenfiguren, die lebenswahr gezeichnet wurden. Wer wollte bestreiten, daß es Hauptmann trefflich gelang, Lebensgetreues auf die Bühne zu bringen? Von Harro Hassenreuter bis zu Bruno Mechelke, um gleich extreme Vertreter von Schichten zu nennen, sind die Charaktere treffsicher entworfen und das Abbild von Gestalten ihrer Zeit, die Hauptmann ähnlich kennengelernt haben mag. Die naturalistische Arbeitsweise des Verfassers zeigt sich u. a. darin, daß er genaue Beschreibungen bietet. Zwei Beispiele von vielen mögen genügen! Über Frau Johns Bruder ist zu lesen:

> „Bruno Mechelke ist eher klein als groß, hat einen kurzen Stiernacken und athletische Schultern. Niedrige, weichende Stirn, bürstenförmiges Haar, kleiner runder Schädel, brutales Gesicht mit eingerissenem und vernarbtem linken Nasenflügel. Die Haltung des etwa neunzehnjährigen Menschen ist vornübergebeugt. Große plumpe Hände hängen an langen, muskulösen Armen. Die Pupillen seiner Augen sind schwarz, klein und stechend" (9).

Im Gegensatz dazu steht Harro Hassenreuter:

> „Der Direktor ist mittelgroß, glattrasiert, fünfzig Jahre alt. Er pflegt große Schritte zu nehmen und bekundet ein lebhaftes Temperament. Sein Gesichtsschnitt ist edel, das Auge von kühnem Ausdruck. Sein Betragen ist laut. Sein Wesen überhaupt durchaus feurig. Er trägt einen hellen Sommerüberzieher, den Zylinder nach hinten gerückt, und übrigens Frackanzug und Lackschuhe. Der leger geöffnete Paletot enthüllt eine mit Ordenssternen überdeckte Brust" (16).

2.2.3. Soziologische Analyse der handelnden Personen

Hauptmanns Drama ist auch darin ein getreues Abbild des wahren Lebens, indem er in der ehemaligen Kavalleriekaserne zu Berlin sehr unterschiedliche Milieuebenen zusammenfügt. Hassenreuter, der Ex-Theaterdirektor, ist nach Gesinnung und Lebensstil ein Bourgeois; der Maurerpolier John und seine Frau Henriette gehören dem aufstrebenden Arbeiterstand an; zum Lumpenproletariat ist Frau Sidonie Knobbe, eine Abgesunkene, zu zählen. Zu diesen drei Milieuschichten tritt noch der Stand der Asozialen, dem Bruno Mechelke, Frau Johns Bruder, zuzurechnen ist. Von diesen Schichten wird in Hauptmanns Drama nur die zweite, der nach oben drängende Arbeiterstand, deutlich hervorgehoben. Wichtiger ist, daß ein naturalistisches Grundproblem auftaucht: es herrscht innerhalb dieses sozialen Gefüges im Grunde ein Kampf aller gegen alle; echtes gegenseitiges Verständnis ist die Ausnahme.

2.2.4. Psychologisches Zergliedern der Dramenfiguren

In naturalistischer Manier war der Dichter darum bemüht, das Seelenleben der wichtigen Figuren des Dramas bloßzulegen. Bei der psychologischen Zergliederung und seelischen Zerfaserung ging es Gerhart Hauptmann darum, nach Gesetzmäßigkeiten zu suchen, die dem Handeln der einzelnen zugrunde liegen können. Ein Paradebeispiel dafür ist Frau Henriette John. Frau John, fleißig, tüchtig und im Grunde ihres Herzens gütig, ist nicht bereit, ohne Kind zu leben. Der Muttertrieb stößt sie in tiefe Schuld, die letztlich zu ihrem Selbstmord führt. Hauptmann geht im Drama dieser seelischen Entwicklung mit Akribie nach. Weitere Beispiele für dieses Vorgehen wären leicht zu finden, erübrigen sich aber an dieser Stelle.

2.2.5. Determiniertheit des Geschehens

Das Thema „Kinderlosigkeit", das gerade angedeutet wurde, spielt in den „Ratten" eine große Rolle. Aus dem Schicksal der Kinderlosigkeit des Ehepaares John erwächst der dramatische Konflikt des Werkes. Gleich zu Beginn des 1. Aktes unterbreitet Henriette John dem schwangeren Dienstmädchen Pauline Piperkarcka den Vorschlag, ihr nach der Niederkunft das Kind zu überlassen:

> „(...) Freilein, denn is doch uns beede jeholfen. Ihn is jeholfen und so desselbijenjleichen ooch mir. Außerdem is Pauln, wat mein Mann is, jeholfen, wo sterbensjerne een Kindeken will, weil det uns doch unser eenziget, unser Adelbertchen, an de Bräune jestorben is" (9).

Das dramatische Geschehen ist damit von Anfang an determiniert, denn Frau Johns verzweifeltes Streben nach einem Kind muß, falls der Plan tatsächlich durchgeführt werden kann, zur Kollision mit der erwachenden Mutterliebe der Piperkarcka führen. Außerdem ist schon jetzt zu erwarten, daß die ungesetzliche Tat nicht verborgen bleiben kann.

2.2.6. Der dramatische „Held" als reagierendes Opfer

Im Zusammenhang mit der Determiniertheit des weiteren Geschehens muß man darauf hinweisen, daß die am dramatischen Konflikt vor allem Beteiligten, die beiden Mütter, eher reagierende Opfer als agierende „Helden" sind – ein weiteres Kennzeichen des naturalistischen Dramas. Pauline Piperkarcka ist vom Vater des Kindes, den Frau John als „Halunken" (8) bezeichnet, verlassen worden. Im Augenblick gibt es für sie nur zwei Auswege: sie kann ihren Liebhaber erneut zu treffen versuchen oder in den Landwehrkanal springen, um den Tod zu finden. In dieser schrecklichen Lage muß sie Frau Johns Vorschlag aufgreifen, weil er als einziger eine Lösung des Problems verspricht. Frau John selbst handelt ebenfalls nicht ruhig, selbstbestimmt und aus willentlichem Antrieb. Vielmehr folgt sie ihrem Mutterinstinkt, der alle Überlegungen, die sie vielleicht anstellen mag, überrennt. Sie wird zum Opfer eines Triebes, der ihr Handeln blind bestimmt; sie kann in einem Augenblick, der ihr eine Möglichkeit bietet, ihr Leben mit Sinn (Mutterschaft) zu erfüllen, gar nicht anders handeln, als sie es – nach Zustimmung der Piperkarcka – auch tut.

2.2.7. Sprache

Einen Rückgriff auf die naturalistische Schaffensweise stellt schließlich die Gestaltung der Sprache dar. Hier sollen einige Hinweise genügen! Auf sprachlichem Gebiet bemühte sich Hauptmann um eine wirklichkeitsgetreue Wiedergabe des Lebens. Den Berliner Dialekt beherrscht z.B. Selma, die Tochter der Frau Sidonie Knobbe, vortrefflich: „I, jar keene Ahnung, da wißt ick wat von" (75). Zu diesen Mundartsprechern gehören auch Paul John und der Hausmeister Quaquaro, um nur zwei zu nennen. Bruno Mechelke verwendet, was seinem Wesen und Leben entspricht, den Jargon der Unterschicht. – Frau Henriette John, die aus Brückenberg (sie nennt den Ort „Brickenberch", 42) im Riesengebirge stammt, hat Schlesisches in ihrer Sprache bewahrt (wie die Mutter Wolffen im „Biberpelz"), die Berliner Mundart aber in starkem Maße angenommen.

Zwischen denen, die mehr oder minder mundartlich sprechen, und denen, die sich des Hochdeutschen bedienen, steht Frau Sidonie Knobbe, deren Gesicht „die Stigmata der Straße" trägt, aber „nicht von schlechter Abkunft" (67) zeugt. Sie ,,redet mit Affektion" (67), also bewußt gepflegt; echt klingt ihr Sprechen nicht, wohl auch deswegen, weil sie so viele Fremdwörter einflicht. Den Hang zum großen Duktus hat sie mit Harro Hassenreuter gemein, der sich überdies vieler lateinischer Wendungen bedient, aber auch französische und englische Zitate anzubringen weiß. – Weit natürlicheres Hochdeutsch, ohne bühnensprachliche und fremde Beimischungen, sprechen Frau Hassenreuter, ihre Tochter Walburga und deren Freund Spitta. Zu den hochdeutsch Sprechenden gesellt sich auch Pastor Spitta.

Eine besondere sprachliche Note bringt Pauline Piperkarcka in das Geschehen. Das Dienstmädchen, das aus Skorzenin in der Provinz Posen stammt[119], kann das Deutsche nur radebrechen, hat aber schon Berliner Dialekteigenheiten angenommen. Ein Beispiel vom Beginn des 1. Akts: ,,Nu ja. Ick will nu also Schlachtensee oder Halensee. Muß jehn un muß nachsehn, ob ich ihm treffe!" (8). – Was Hauptmann auf dem Gebiet der sprachlichen Gestaltung bietet, offenbart seine scharfe Beobachtungsgabe.

Das Drama ,,Die Ratten" zeigt ein Nebeneinander von verschiedenen Sprechweisen, die differenziert und gezielt eingesetzt werden. Diese Arbeitsweise Hauptmanns trägt, wie auch in anderen naturalistischen Werken des Dichters, stark dazu bei, daß das dramatische Geschehen so echt wirkt. Wenn nur das Hochdeutsche verwendet würde, verlöre das Theaterstück an Glaubwürdigkeit.

2.2.8. Bekenntnis zum lebensnahen Drama

Der Naturalist Hauptmann setzte auf eine genaue Wiedergabe des realen Lebens. Im Drama ,,Die Ratten" selber wird der Kandidat der Theologie Spitta, Schüler von Hassenreuter, zum Verkünder des naturalistischen Programms. Zum Ärger seines hochtrabenden, überheblichen Lehrmeisters kritisiert er ,,den ganzen sonoren Bombast der Braut von Messina" (51), negiert ,,die poetische Gerechtigkeit, Schuld und Sühne" (52) und meint, daß auch niedrig Stehende ,,ein Objekt der Tragödie" (52) sein könnten. Spitta bekennt: ,,Vor der Kunst wie vor dem Gesetz sind alle Menschen gleich" (52); gleichzeitig verweist er auf ,,den jungen Schiller, den jungen Goethe des Götz und immer wieder auf Gotthold Ephraim Lessing", denn ,,dort stehen Sätze, die der Fülle der Kunst und dem Reichtum des

Lebens angepaßt, die der Natur gewachsen" sind (52). Im Grundsätzlichen liegt hier das Bekenntnis zu einem Drama vor, das die Wirklichkeit wiedergibt und nicht zur kunstvollen Pose neigt. Es wäre allerdings falsch, Spittas „Programm" mit dem Gerhart Hauptmanns in vollem Maße gleichzusetzen[120].

2.3. Neue Ansätze

Zahlreiche Züge erweisen Hauptmanns „Ratten" als ein naturalistisches Drama. Nicht zu übersehen sind aber etliche neue Ansätze.

2.3.1. Komische und phantastisch-spukhafte Züge

Mit Recht wies Norbert Mennemeier darauf hin, schon die Bezeichnung „Tragikomödie" zeige „die Absicht des Autors, über seine naturalistische Phase mit ihrer Tendenz zum Tragischen hinauszugelangen"[121]. Es ist hier nicht der Ort, auf die Verbindung des Tragischen mit dem Komischen einzugehen. Schon jetzt kann aber festgehalten werden, daß das Naturalistisch-Tragische in den „Ratten" letztlich den Sieg davonträgt; Komödienhaftes bleibt am Rande stehen. Dennoch kann man den „Ratten" schwankhaft-komische Züge nicht absprechen. Die komischen Elemente bringen vor allem Harro Hassenreuter und seine Schüler in das Geschehen. Hassenreuter zehrt von seiner Vergangenheit als Straßburger Theaterdirektor, von der er nur seinen verstaubten Fundus in eine schlechtere Gegenwart gerettet hat. Er muß sich mit wenig begabten Schauspielschülern abplagen und Masken verleihen, zeigt aber noch immer die Allüren eines Mannes von Welt. Er pflegt seine vorgefaßten Meinungen, drischt Phrasen und ist von alten Gewohnheiten bestimmt, will jedoch auf seine Umgebung erzieherisch einwirken. Es ist auch komisch, wenn er, den ein Reporter einen „verkrachten Schmierendirektor" (95) nennt, voller Selbstgefälligkeit dramatischen Unterricht erteilt. Angesichts der Diskrepanz zwischen Schein und Sein bei Hassenreuter, der mit seinem hohlen Pathos ein typischer Bourgeois der Wilhelminischen Ära ist, freut sich der Zuschauer darüber, daß gerade dieser Mann mit der Lokalnotiz „Adebar beim Maskenverleiher" (95) der Öffentlichkeit „als humoristischer Bissen ausgeliefert" (95) und damit der Lächerlichkeit ausgesetzt wird. – Erheiternd wirkt auch das Auftreten seiner Schüler. Käferstein und

Dr. Kegel tragen im 3. Akt ,,mit gewaltiger Pathetik" (48) Verse aus Schillers ,,Braut von Messina" vor, während Hassenreuter, Geschäftigkeit mimend, Briefe öffnet. Unbegabte sollen hier ihrem pedantischen Lehrmeister etwas vorführen, dem sie nicht gewachsen sind – noch dazu in einer Umgebung, die Gedanken an ein idealistisches Drama nahezu verbietet.

Auch die Gestalt der Alice Rütterbusch, die Hassenreuter aus Straßburg kennt, trägt zu den komischen Zügen der ,,Ratten" bei. Man hört, die ,,kleine Naive" (22) sei ,,von Exzellenz für Berlin engagiert" (20) worden – sie, die mit ihrem Dialekt eher auf eine österreichische Provinzbühne passen würde. Warum Hassenreuter sie so hoch einschätzt, wird schon bei der zärtlichen Begrüßung klar; als Schauspielerin hat sie sich wohl kaum große Verdienste erworben.

Als im 1. Akt Spitta die Türschelle zieht, muß sich Alice Rüttersbusch in die ,,Bibliothek" zurückziehen. In diesem häufig notwendigen Versteckspielen liegt ein weiteres erheiterndes Moment der ,,Ratten". Die Piperkarcka muß, gleichfalls im 1. Akt, auf den Oberboden, auch Bruno Mechelke ,,verschwindet durch die Bodenklappe" (14), und Frau John zieht sich in die schon erwähnte ,,Bibliothek" zurück, als Walburga kommt. Die Beispiele könnte man durch weitere ergänzen. Sie zeigen ausgesprochen lustspielhafte Züge, die sich manchmal in der Nähe des Schwankes befinden.

Ebenfalls keineswegs so, wie man es von Hauptmanns naturalistischen Tragödien kennt, sind phantastisch-spukhafte Züge. Quaquaro, der Hausmeister, berichtet im 3. Akt: ,,Det wird in janzen Hause rum erzählt von den Soldat, namens Sorjenfrei, der sich irgendwo hier oben in Dachstuhl mit 'ne Schlinge jeendigt hat" (50). Hassenreuter nennt das, was seine drei Schüler gerne als ,,Mordgeschichte" (49) aufgegriffen haben, einfach nur ,,Gespenstergeschichten" (50). Gespenstisches ist auch sonst von Bedeutung und erhält leitmotivischen Charakter. Bruno Mechelke nennt sich selbst ein ,,Jespenst" (10) und geistert schrecklich durch das Haus.

2.3.2. Symbolik

Auch symbolische Elemente werden in den ,,Ratten" sichtbar – in einem Drama also, bei dessen Gestaltung Hauptmann auf die naturalistische Schaffensweise zurückgriff. Mehrfach hört man davon, daß die Mietskaserne von Ratten und Mäusen erfüllt sei. Schon zu

Beginn des 1. Akts stellt Bruno auf dem Dachboden Fallen auf. Es ist richtig, wenn Heribert Rück von dem Haus behauptet: „Es steht sinnbildlich für das Staatsgebäude im abstrakten Sinn, an dem hier Kritik geübt wird", und „Die Mietskaserne ist ein Staat im kleinen"[122]. In der Tat wird das Haus von Ratten zernagt, die es damit dem Einsturz näherbringen. Frau Henriette John, ihr Bruder Bruno, Pauline Piperkarcka, Sidonie Knobbe – sie alle rütteln ebenfalls an den Grundfesten des Staates, der durch das Haus symbolisiert wird. Auch Hassenreuter, der von Pflicht spricht, aber wenig leistet, der Hilfe für notwendig hält, die gute Tat aber doch lieber anderen zumutet, gehört zu diesen Wühlern, die das Staatsgebäude unterminieren. Er freilich nennt Menschen, die kritisch denken, „Ratten". Zu Spitta sagt er im 3. Akt:

> „Sie sind eine Ratte! Aber diese Ratten fangen auf dem Gebiet der Politik – Rattenplage! – unser herrliches neues geeinigtes Deutsches Reich zu unterminieren an. Sie betrügen uns um den Lohn unserer Mühe, und im Garten der deutschen Kunst – Rattenplage! – fressen sie die Wurzeln des Baumes des Idealismus ab: sie wollen die Krone durchaus in den Dreck reißen. – In den Staub, in den Staub, in den Staub mit euch" (53).

Der Maurerpolier John spricht dagegen Hassenreuter gegenüber aus, worum es dem Verfasser des Dramas wirklich geht:

> „Horchen Se ma, wie det knackt, wie Putz hinter de Tapete runterjeschoddert kommt! Allens is hier morsch! Allens faulet Holz! Allens unterminiert, von Unjeziefer, von Ratten und Mäuse zerfressen! (...) Allens schwankt! Allens kann jeden Oojenblick bis in Keller durchbrechen" (98).

Zu den symbolischen Elementen, die über das naturalistische Drama weit hinausgehen, gehört ein Fliederzweig. Bruno Mechelke trägt „einen großen Fliederzweig in der Hand" (85), als er im 4. Akt am Sonntagmorgen in die Wohnung des Maurerpoliers John tritt. Er ist „in't Jrüne jejang" (87), wie er sagt. Bruno sollte die Piperkarcka im Auftrage der Frau John beschwören, nicht mehr zu kommen, doch hat er sie unter einem Fliederstrauch in der Nähe der Spree umgebracht. Der Fliederzweig, der auf dem Tisch liegenbleibt und mit dessen Hilfe John dem Direktor Hassenreuter zeigt, daß Bruno im Zimmer gewesen war, wird zu einem doppelten Sinnbild. Zum einen symbolisiert er sinnlos zerstörtes, blühendes Leben, zum anderen steht er in der muffigen Atmosphäre der Mietskaserne, in der so viel Abgrundtiefes geschieht, stellvertretend für die Natur, die hier in die in Unordnung geratene menschliche Welt eindringt. Unheil ist in dieses Haus eingezogen. Wenn Bruno am Ende des 4. Akts ein Hufeisen zurückläßt und zu seiner Schwester sagt: „Det ha ick jefunden! Det bringt Glick! Ick brauche ihm nich" (90), so ist das kein Glückssymbol. Benno von Wiese bemerkte dazu: „Das Sinnbild des Glükkes verkehrt sich hier in sein Gegenteil"[123].

2.3.3. Züge der Bekenntnisdramatik

Neben dieser wichtigen Symbolik sollte man ein anderes Element der „Ratten" nicht übersehen, nämlich das der Bekenntnisdramatik. Träger des Bekenntnishaften ist vor allem der junge Theologiekandidat Spitta. Er beweist z. B. Mut, wenn er im 3. Akt zu Hassenreuter sagt: „Es ist nicht zu ändern, Herr Direktor: unsere Begriffe von dramatischer Kunst divergieren in mancher Beziehung total" (51). Nicht nur in Kunstfragen bekennt er offen seine andere Meinung. Er lehnt es aus Überzeugung ab, dem Willen seines Vaters zu folgen und ebenfalls Pastor zu werden, weil ihm „der Predigerton zuwider ist" (51). Im Gespräch mit Paul John nennt er sich einen „Geistesarbeiter" (76). Er hat „gebüffelt und Bücher gewälzt" (76) und scheint politisch dem Sozialismus nahezustehen; die soziale und politische Ordnung der Wilhelminischen Ära kritisiert er, was Hassenreuter wohl ebenfalls veranlaßt, Spitta eine „Ratte" (53) zu nennen. Freilich, es bleibt offen, ob dieser junge Idealist, der Großes will, aber seine Ziele noch nicht klar vor Augen hat, bei seiner Haltung bleiben wird. Walburga, die so lebensklug wie ihre Mutter ist, dürfte ihn dazu bringen, sich weiterhin ihr und ihrem Vater zuzuwenden – auch aus materiellen Gründen.

2.3.4. Elemente der expressionistischen Großstadtdichtung

Zum Schluß sei erwähnt, daß Gerhart Hauptmann in einem Werk, bei dessen Gestaltung er zwar Neues bot, vor allem aber Altbewährtes aufgriff, eine beachtenswerte Nähe zur beginnenden wichtigsten literarischen Strömung der Zeit fand, wenn man den Inhalt seiner „Ratten" betrachtet. Hans Mayer meinte, es handele sich „um eine Großstadtdichtung ganz eigentümlicher Art, die das Geschehen im Berliner Mietshaus stark in die Nähe der expressionistischen Großstadtdichtung rückt"[124].

„Die Ratten", am Beginn von mäßigem Bühnenerfolg, heute aber sehr geschätzt, gehören mit Sicherheit zu Hauptmanns bedeutendsten Dramen; vielleicht stellen sie sogar, wie Hans Mayer andeutete, „den wichtigsten Beitrag Gerhart Hauptmanns zum modernen Welttheater dar"[125].

3. Struktur

3.1. Die beiden Handlungsstränge und ihre Verknüpfung

Gerhart Hauptmanns Tragikomödie „Die Ratten" weist – im Unterschied z. B. zu „Rose Bernd" – zwei Handlungsstränge auf: die Mutter-John-Handlung und das Geschehen um den Schauspieldirektor Hassenreuter. Die Mutter-Tragödie der Frau Henriette John und die Mimen-Komödie Harro Hassenreuters stehen dabei im Grunde nebeneinander. Ein dramaturgisch zwingendes Ineinandergreifen der beiden Handlungen ist nicht vorhanden, was freilich nicht heißt, daß sie nichts miteinander zu tun hätten. Es gibt zahlreiche Verzahnungen zwischen den beiden Geschehen. Hauptmann selbst betonte: „Sie [Hassenreuter und Frau John] haben im allgemeinen manche, im besonderen wenig Berührungen. So ist es am Anfang, so bleibt es zum Schluß. Allerhand Verflechtungen indessen, mechanisch und ideell, bringt ihnen unbewußt das Schicksal in ihre Beziehungen, und diese Verflechtungen und das Unbewußte dieser Verflechtungen stellen gleichnisweise etwas von dem tragikomischen Gehalt des blinden menschlichen Daseins dar" („Die Ratten", 1911, in: „Nachlese zur theoretischen Prosa, 1889–1913", CA XI, 810). Hassenreuter mußte in Berlin seinen Fundus unterbringen; Frau Johns Aufgabe ist es, hier im Dachgeschoß der alten Reiterkaserne für Ordnung zu sorgen. Frau John und der ehemalige Schauspieldirektor sind aber nicht die einzige Klammer zwischen der Theaterwelt des Dachgeschosses und der kleinbürgerlichen Welt des 2. Stockwerks. Der Kandidat Spitta und Walburga Hassenreuter stehen ebenfalls mit Frau John und deren Mann in Verbindung. Das zeigt insbesondere der Beginn des 4. Akts; aber auch der 5. Aufzug läßt erkennen, daß die beiden vor allem Frau Johns Nähe und Vertrauen suchen. Diese Beispiele mögen als Belege dafür dienen, daß in den „Ratten" nicht zwei Handlungen ohne jede Verbindung nebeneinanderstehen. Andererseits sind die beiden Stränge auch nicht intensiv und eng miteinander verbunden.

3.2. *Grundsätzliches über den Kontrast zwischen den Handlungssträngen und seine Bedeutung*

Wichtiger als eine dramatisch-straffe Fügung waren für Hauptmann die Dichte und die Echtheit der Atmosphäre.

Zwei Welten treffen in den „Ratten“ aufeinander und bilden einen starken Kontrast: die scheinbar intakte bürgerliche Lebenssphäre Hassenreuters und die weitgehend aus den Fugen geratene Welt der kleinbürgerlichen bis asozialen Bewohner des verwahrlosten Mietshauses, in dem Quaquaro, „ein vierzigjähriger, vierschrötiger Mensch“ (47) als Hausmeister nach dem Rechten sieht und auch Entdeckungen macht (z. B. findet er auf dem Dachboden in einem schwedischen Reiterstiefel ein Kinderfläschchen (vgl. 3. Akt, 54). Die Scheinwelt Hassenreuters steht im Gegensatz zur Wirklichkeit der Frau-John-Handlung. Das komisch-satirische Geschehen um den Theaterdirektor ereignet sich neben den tragischen Vorgängen um Frau Henriette John. Mit Hilfe der Hassenreuter-Handlung gelang es Gerhart Hauptmann, das tragische Geschehen zu unterbrechen und zu spiegeln, was epische Elemente in das Drama bringt. Man kann auch sagen, die illusionäre Scheinwelt Hassenreuters verstärke den Eindruck, daß das Gebäude, in dem die Bewohner leben, von „Ratten“ unterhöhlt wird.

3.3. *Die „offene“ Hassenreuter-Komödie und ihr Verhältnis zur Wirklichkeit*

Die dramatische Struktur der Tragikomödie „Die Ratten“ wird, wie erwähnt, von zwei unterschiedlichen Geschehenssträngen geprägt. Die Hassenreuter-Handlung, die komische, satirische und ironische Züge trägt, geht dabei vielfach an der Wirklichkeit vorbei[126]. Der 1. Akt, der die Exposition für das weitere Geschehen bietet, spielt im Theaterfundus des ehemaligen Direktors auf dem Dachboden einer früheren Kavalleriekaserne in Berlin. Zutreffend ist Benno von Wieses Bemerkung, in diesem dunklen Raum werde „nahezu *jedes* menschliche Dasein irrational, zum mindesten schattenhaft und um die Erkenntnis seiner selbst betrogen“[127]. Der Theaterdirektor selbst erfährt denn auch noch nicht im geringsten, wozu sein Domizil dient (es ist der Treffpunkt für seine Tochter Walburga und den Theologiekandidaten und Schauspielschüler Erich Spitta) oder verwendet werden könnte (Pauline Piperkarcka weilt während Hassenreuters Auftritt im Oberboden, wo sie sich auf Frau Johns Rat hin versteckt hält; später verschwinden auch Bruno Mechelke, Frau John und Walburga durch die Bodenklappe). Schlimmes bahnt sich, wenn man an das Geschick der Piperkarcka denkt, schon jetzt auf dem Dachboden an. Der 1. Akt bietet aber einen vordergründig-heiteren Abschluß durch den verliebten Hassenreuter, der den Sonntag mit Alice Rüttersbusch genießen möchte, wobei er aber von Spitta, der Walburga zu treffen hoffte, zunächst gestört wird. Alices Gesang in der „Bibliothek" nimmt der Schürzenjäger dann für ein gutes Vorzeichen. Diese vordergründige Handlung, die auch Hassenreuters moralische Verlogenheit zu zeigen vermag, wird kontrastiert durch ein Geschehen, das sich später hier ereignet. Zwischen dem 1. und dem 2. Akt kommt Pauline Piperkarcka heimlich auf dem Dachboden nieder; damit wird die Grundlage für die tragischen Machenschaften der Frau John gelegt.

Der 2. Akt bringt einen Wechsel der Perspektive; er führt in die Wohnung des Maurerpoliers John und seiner Frau und damit in eine scheinbar ruhige kleinbürgerliche Welt. Hassenreuter, der auf Besuch kommt, verkennt gründlich die Wirklichkeit. Wenn er Frau John zu dem „frohen Ereignis" (31) gratuliert, wünscht er einer Frau Glück, die inzwischen Verwerfliches getan hat. Indem Hassenreuter mit seiner Frau einen Kindermilchapparat bringt, weil Frau John angeblich zu den Müttern gehört, die „ihre Kinder selber zu ernähren nicht mehr fähig oder nicht willens sind" (32f.), sieht er ebenfalls die Tatsachen nicht. – Eine komische Episode stellt das Auftreten der Schauspielschüler Käferstein und Dr. Kegel dar, die als die drei Könige aus dem Morgenland „das Kindelein grüßen" (35) wollen – der dritte im Bunde, Spitta, ist noch von einem „Samariterdienst auf der Straße" (37) aufgehalten. Das Eindringen der Theaterwelt in das kleinbürgerliche Milieu bleibt ein Zwischenspiel; seine Komik ist ein Mittel der tragischen Ironie.

Hauptmann gelang es, den Kontrast zwischen den beiden Welten mit künstlerischen Mitteln gut zu verdeutlichen. Sowohl das Ende des 1. Aktes wie das des 2. Aktes gestaltete er monologisch. Am Schluß des 1. Aufzugs verschließt der Direktor, ein galantes Abenteuer erwartend, mit Worten der Vorfreude die Tür aufs genaueste; er ist froh, daß von außen keine Störung seines Beisammenseins mit Alice mehr zu erwarten ist. Am Ende des 2. Aktes spricht aus den Worten der Frau John die Angst einer Frau, die sich sorgfältig von der Welt abschirmen muß, weil von außen Gefahren für ihre Mutterschaft drohen.

Der 3. Akt spielt wieder auf dem Dachboden. Hauptmann bietet dem Zuschauer Theater auf dem Theater. Wieder einmal verkennt dabei der nichtsahnende Hassenreuter die Wirklichkeit gründlich. Eben noch hat er Spitta erklärt, er befinde sich im Irrtum, wenn er meine, „daß unter Umständen ein Barbier oder eine Reinemachefrau aus der Mulackstraße ebensogut ein Objekt der Tragödie sein könnte als Lady Macbeth oder König Lear" (52). Als Frau John mit dem Hausmeister Quaquaro vom Boden herunterkommt, meint Hassenreuter zu dem Kandidaten: „Da kommt Ihre tragische Muse, Spitta!" (54). In der Tat ist aber die in einfachen Verhältnissen lebende Frau John in Tragisches verstrickt, und Spitta befindet sich mit seiner Theorie im Recht, ohne freilich zu wissen, daß Henriette John seine Kunstauffassung durch ihr Tun bestätigt hat. – Auch gegen Ende des 3. Aufzugs verkennt Hassenreuter die Tatsachen. Pauline Piperkarcka behauptet zu Recht, ihr Kind sei im Hause, aber der Direktor betont felsenfest: „Frau Maurerpolier John hat kein Kind in Pflege" (63). Er glaubt an einen Irrtum und bringt es nicht fertig, die Zusammenhänge zu klären, obwohl die Gegebenheiten im Grunde klar sind – zumindest für den Zuschauer. Er nimmt den Streit zwischen Frau Knobbe und der Piperkarcka, die das falsche Kind für ihr eigenes hält, für amüsantes, wenn auch im Grunde störendes Theater. Nachdem das Kind, das vermeintlich zwei Mütter hat, gestorben ist und die Streitenden mit dem Wachtmeister Schierke weggegangen sind, meint Hassenreuter, die Wirklichkeit nochmals gründlich verkennend, zu Spitta: „Sic eunt fata hominum. Erfinden Sie so was mal, guter Spitta!" (71)

Der 4. Akt führt wieder in die Wohnung des Ehepaares John. Eine Verbindung mit der Hassenreuter-Handlung ergibt sich nur durch Erich Spitta, der mit seinem Vater gebrochen hat und sich in wirtschaftlicher Not befindet, und Walburga, Hassenreuters Tochter, deren Beziehungen zum Kandidaten ihrem Vater nun endlich klar sind; beide finden bei Herrn und Frau John eine Art Zuflucht. Die sonntägliche Atmosphäre täuscht allerdings; Johns gute Laune wird bald durch den Auftritt Brunos und das merkwürdige Verhalten Henriettes verflogen sein. Eine enge Verknüpfung der Mutter-John-Tragödie mit der Mimenkomödie bringt auch der weitere Verlauf des Aufzugs nicht.

Das ändert sich nachhaltig im 5. Akt des Dramas „Die Ratten", der in einem „Zimmer bei Johns" (90) spielt. Die Verknüpfung der beiden Handlungsstränge wird allein schon dadurch sichtbar, daß nun alle wesentlichen Figuren des Dramas anwesend sind. Harro Hassenreuter, der in Gedanken im Grunde schon in Straßburg weilt (vgl. 94), gelingt es wiederum nicht, die Sachlage zu durchschauen, obwohl er Einzelheiten kennt. Als das Gespräch auf die ermordete Piperkarcka kommt und darauf, daß Frau John sie also doch gekannt habe, äußert Hassenreuter zu Herrn und Frau John nichtsahnend:

> „Sie sind eine ehrenhafte Frau, Sie ein ehrenhafter Mann, Herr John. Die Sache mit Ihrem mißratenen Schwager und Bruder ist schließlich etwas, was meinethalben eine furchtbare Tatsache ist, aber Ihr Familienleben doch im Grunde nicht ernstlich erschüttert ..." (98).

Auch eine Äußerung der Frau John mißversteht Hassenreuter: „Det is mein Recht, det ick Mutter von mein Kindeken bin! Det is doch mein Recht?" (99). Er bezieht das auf die eheliche Auseinandersetzung über die Frage, ob Selma mit dem Kind zu Johns Schwester fahren soll oder nicht, obwohl Frau John in ihrer furchtbaren Erregung eine für sie viel tiefgreifendere Frage aufwirft, weil der Tod der Piperkarcka in ihr Schuldgefühle nach der Tat wachgerufen hat. – Nun enthüllt Selma die Tatsache, daß sie das Kind der Piperkarcka vom Oberboden zu Frau John gebracht haben soll. Hassenreuter dringt aber nicht auf ein volles Geständnis, weil Selma auf Frau Johns Drohung hin Ausflüchte sucht. Als die Wahrheit ans Licht gebracht worden ist, meint der Direktor nur: „Wie konnten Sie sich nur auf einen solchen Weg des Irrtums und des Betruges drängen lassen, Frau John?" (103) Im Grunde verkennt er die Schwere der Tat, wenn er von einem „Irrtum" spricht. Was nun folgt, ja folgen muß, das ahnt er nicht. Hassenreuter täuscht sich, wenn er meint, alles sei gelöst, falls er das Kind unter seinen Schutz stellt:

> „Halt! Hier greife ich ein! Hier bin ich zuständig! Wem das Knäblein hier auch immer gehören mag – um so schlimmer, wenn seine Mutter ermordet ist! –, es ist in meinem Fundus geboren! Vorwärts, Spitta! Kämpfen Sie, Spitta! Hier sind Ihre Eigenschaften am Platz! Vorwärts! Vorsicht! So! Bravo! Als wär' es das Jesuskind! Bravo! Sie selber sind frei, Frau John! Wir halten Sie nicht. Sie brauchen uns nur das Jungchen hier lassen" (104).

Er verkennt die Gegebenheiten, die Schuld und die Konsequenzen für die angebliche Mutter. Die Tragödie der Frau John erfaßt Hassenreuter nicht; er will ,,praktisches Christentum" (106) üben und sich ,,des Kindchens annehmen" (106). Hassenreuter stellt sich übrigens in Widerspruch zu früheren Äußerungen, wenn er zu Spitta sagt: ,,Die Tragik ist nicht an Stände gebunden. Ich habe Ihnen das stets gesagt" (106). Selma vollzieht am Schluß die Verbindung zur schrecklichen Wirklichkeit, wenn sie ruft: ,,Herrjott, Herrjott im Himmel, Mutter John hat sich umjebracht" (106).

Der Blick auf die Hassenreuter-Handlung zeigte, daß sie in vielem an der Realität vorbeigeht. Zu erkennen war aber auch ihre Funktion: Kontrast zur kleinbürgerlichen Welt und ein episch-distanzierendes Element innerhalb des dramatischen Geschehens. Zugleich zeigt die Hassenreuter-Komödie Kennzeichen des ,,offenen" Dramas (Volker Klotz), denn sie bringt nur Ausschnitte aus einem Gesamtgeschehen, die Handlung ist nicht in sich geschlossen und bricht immer wieder ab, sie ist nicht kontinuierlich und bleibt fragmentarisch.

3.4. Die ,,geschlossene" Mutter-John-Tragödie: Entwicklung des dramatischen Konflikts

Im Unterschied zur Hassenreuter-Komödie weist die Mutter-John-Handlung eine ,,geschlossene" Form auf, worauf insbesondere Norbert Mennemeier hinwies[128]. Sie zeigt den Ablauf eines Dramas, wie ihn Gustav Freytag 1863 in seiner schon erwähnten Schrift ,,Die Technik des Dramas" normativ beschrieb.

Der 1. Akt, die Exposition des Dramas, bietet die Voraussetzung für die Mutter-John-Tragödie. Frau John bedrängt das verzweifelte, kurz vor seiner Niederkunft stehende Dienstmädchen Pauline Piperkarcka, ihr das Kind zu überlassen:

> ,,Et jeht zu machen, Pauline, et jeht, et jeht, sach ick Ihn! Und weder 'n Dokter noch Polizei noch Ihre Wirtin merkt wat von. – Und denn kriejen Se erst ma hundertunddreiundzwanzig Mark, wat ick mir von det Reinmachen hier beim Direktor Hassenreuter abjespart habe, ausjezahlt" (11).

Die Widerstrebende, die von ,,Verkaufen" (11) spricht, willigt noch nicht ein; auf dem Oberboden beginnt, von der Aufregung ausgelöst, die vorzeitige Niederkunft Paulines.

Im 2. Akt befindet sich der Säugling bereits, in einen neuen Kinderwagen gebettet, bei Frau John, deren Mann als Maurerpolier längere Zeit in Altona arbeitete. Der vermeintliche Vater, von dem Ereignis völlig überrascht, ist überglücklich. Nun stünde der kleinbürgerlichen Idylle nichts im Wege, wenn in Pauline Piperkarcka nicht mütterliche Gefühle kräftig erwachten. Die Steigerung des dramatischen Geschehens samt dem (von Gustav Freytag so genannten) „erregenden Moment" liegt nun darin, daß Pauline auftaucht und, nachdem sie von der erbosten Frau John geschlagen worden ist, das Geld zurückgibt und mit Nachdruck das Kind zu sehen verlangt. Für Frau John spitzt sich die Lage nicht nur deswegen zu, weil die Piperkarcka offensichtlich schon plant, das Kind zurückzuholen. Sie hat – „Soll ick denn abjeführt Untersuchung und Plötzensee gesteckt?" (46) – das Kind standesamtlich gemeldet, seinen Namen mit „Aloisius Theophil" angegeben und mitgeteilt, daß es bei Frau John in Pflege ist. Henriette John ahnt, was auf sie zukommt. Das Ende des Aufzugs zeigt sie „mit trockenem Röcheln" und zitternd. „Angst! Sorge! – Da wißt ihr nischt von!" (47) – diese Worte zeigen, in welchem Maße sie allein und verzweifelt ist. Das Unheil nimmt seinen Lauf; davon ist die Frau, die, einem inneren Triebe folgend, sich und ihrem Mann drei Jahre nach dem Tod des eigenen Söhnchens wieder ein Kind beschaffen wollte, im Grunde überzeugt. Ihr Grübeln und ihr nachtwandlerisches und willenloses Handeln am Ende des 2. Aufzugs zeigen eine gefährliche Nähe zum Wahnsinn; schon sieht man sie „seltsam verändert und geistesabwesend" (46).

Der geschlossene Handlungsstrang der Mutter-John-Tragödie setzt sich im 3. Akt kontinuierlich und lückenlos fort. Quaquaro, der Hausmeister, hat auf dem Oberboden ein Kinderfläschchen gefunden. Frau John lenkt von den verdächtigen Spuren ab: „Det erklärt sich: ick ha oben zu'n Rechten jesehn und ha Adalbertchen bei mich jehat" (54). Hassenreuter meint zu ihr: „Danken Sie Gott, wenn Ihr stilles, eingezogenes, friedliches Leben Sie zur tragischen Heldin ungeeignet macht!" (54) Frau John weiß durch Quaquaros Fund, daß man dem Geschehen auf der Spur ist. Unvermittelt erklärt sie, daß sie mit dem Kind für einige Tage aufs Land zu ihrer Schwägerin fahren wolle. Nach einiger Zeit – Frau John hat das Dachgeschoß schon verlassen – kommt es zum Höhepunkt der dramatischen Handlung, der die Wende bereits in sich trägt. Pauline Piperkarcka erscheint mit Frau Kielbacke, die einen Säugling im

Steckkissen trägt. Das Kind – es ist das Söhnchen der Sidonie Knobbe – haben die beiden aus der Wohnung des Ehepaars John geholt, wohin es, wie man später erfährt, Selma gebracht hatte. Die Piperkarcka meint, ihr Kind bei sich zu haben. Hassenreuter erkennt aber, daß der verwahrloste, abgemagerte Säugling nicht dem ähnelt, den er bei dem Ehepaar John gesehen hat. Da erscheint erregt Frau Knobbe und sagt: ,,Ich suche mein Söhnchen, genannt Helfgott Gundofried, da es tatsächlich aus meiner Wohnung verschwunden ist" (67). Dem schon herbeigeeilten Wachtmeister Schierke erklärt sie beim Anblick des Säuglings: ,,Ich schwöre bei der heiligen Mutter Gottes, bei Jesus Christus, Vater, Sohn und Heiliger Geist, daß ich Mutter von diesem Kinde bin" (70). Die erboste Piperkarcka setzt zum Gegenschwur an, doch verweist Hassenreuter darauf, daß es ein Kind mit zwei Müttern wohl nicht geben könne. Das Streitobjekt ist inzwischen gestorben. Schierke führt die Streitenden und Frau Kielbacke mit dem toten Kind mit sich. – Noch hat zwar Frau John ,,ihr" Kind; an einen für sie glücklichen Ausgang des Geschehens ist aber nicht mehr zu denken. Die Polizei ist den Vorgängen ermittelnd auf der Spur und wird über kurz oder lang Licht in die Angelegenheit bringen. So wird der Streit der Frauen um das Kind der Sidonie Knobbe, das die Piperkarcka für ihr eigenes hält, zur entscheidenden Wende innerhalb des tragischen Geschehens der Mutter-John-Handlung. Eine positive Lösung des Konflikts ist nicht mehr in Sicht; die Lage ist aufs äußerste verwickelt.

Die ,,fallende Handlung" (G. Freytag) setzt mit dem 4. Akt ein. An einem Sonntagmorgen erfährt John, der gerade aus Hamburg gekommen ist, nun aber in Berlin arbeiten und ,,det olle wachlige Staatsjebäude" (72), die Mietskaserne, verlassen möchte, von Quaquaro Einzelheiten über die Geschehnisse. Der Hausmeister weist auch schon auf den Kinderwunsch von Frau John, die Behauptungen der Piperkarcka und den Tod des Knobbe-Kindes hin. Die Frage danach, wo sich Bruno, Frau Johns asozialer Bruder, befinde, könnte dazu führen, zumindest gewissen Zusammenhängen auf die Spur zu kommen. Quaquaro weiß, so ahnt der Zuschauer, mehr, als er ausspricht; Paul John wird zwar stutzig, durchschaut aber die Zusammenhänge noch nicht. – Dann kehrt Frau Henriette John nach einem angeblichen Aufenthalt in Hangelsberg in die Wohnung zurück. Sie wirkt, wie Walburga feststellt, ,,unheimlich" (81). Ihrem Mann stellt sie eine seltsame Frage: ,,Sach ma, wie wär det? Du nähmst mir mit und jingst mit mich und mein Kindeken jingst du fort nach Amerika?" (85). Noch flackert Hoffnung in ihr, es gebe einen Ausweg aus dem Dilemma. Erst Brunos Mordgeständnis, das er nur seiner Schwester gegenüber ablegt, bringt sie in weitere Nöte: „O Jesus, mein Heiland, det is ja nich wahr! Det kann ja nich menschenmeeglich sein! Det ha ick dir nich jeheeßen, Bruno!" (88). Der Mörder verläßt „katzenartig, wie er gekommen" (90), seine Schwester, deren Schuld nun noch größer ist. Das Hufeisen, das er ihr als Glücksbringer daläßt, wird der Entsetzten keine Hilfe bringen. Am Ende des 4. Aufzuges ist Frau John eine zutiefst Verzweifelte. Sie bekennt: „Ick bin keen Merder! Ick bin keen Merder! Det wollt ick nich!" (90).

Im 5. Akt kommt es zur Katastrophe, nachdem der 4. Aufzug nicht einmal mehr einen Hoffnungsschimmer (das retardierende „Moment der letzten Spannung" könnte auch in dieser Form auftreten) für die tragische Heldin gebracht hat. Nach ihrem von wirren Träumen und verräterischem Sprechen erfüllten Erschöpfungsschlaf gibt es für Frau John bald keine Ausflüchte mehr; nach und nach stürzt ihr Lügengebäude zusammen. John weiß inzwischen, daß man Bruno Mechelke sucht, und will „solchet Jesindel" verlassen: „Hier mach ick mir fort, eh det allens een Schutthaufen drunter und drieber zusammenbricht" (98). Mit Selma will er „sein" Kind zu seiner Schwester schaffen. Nach einem Ehestreit bringt Selma Licht in das Geschehen. Sie fürchtet eine Einlieferung ins Gefängnis: „Weil ick soll haben det Kindeken, wat det polsche Freilein jeboren hat, von Oberboden runter bei Sie, Frau John, in de Wohnung jetrachen" (100). John selbst fordert nun von seiner Frau „Wahrheet!" (101), desgleichen von Selma. Deren Äußerung „Sie haben ieberhaupt jar keen Kind nich jehat, Frau John" (103) öffnet Paul John endgültig die Augen; der Kindesraub wird enthüllt. Er selbst bittet den mit Quaquaro kommenden Wachtmeister Schierke, seines Amtes zu walten. Für Frau John gibt es keine Ausflüchte mehr; ihre Verhaftung steht kurz bevor. Die in tiefe Schuld Geratene entzieht sich aber mit ihrem Selbstmord der weltlichen Gerichtsbarkeit. Frau Johns Tat, die sie, einem inneren Trieb folgend, beging, war eine schwere Schuld; sie sühnt mit ihrem Tode, indem sie sich selbst das Strafmaß diktiert. Ein wahrhaft tragisches Geschehen ist für sie zu Ende.

Zusammenfassender Rückblick auf die Analyse der Dramen „Die Weber", „Rose Bernd" und „Die Ratten"

,,Die Weber", ,,Rose Bernd" und ,,Die Ratten" sind, wie die Darlegungen zeigten, in vielem durchaus naturalistische Dramen. Das ließ zunächst ihre Thematik erkennen. Die drei Werke gehören zum Typus des ,,sozialen Dramas", das allerdings inhaltlich wie formal viele Spielarten aufweist. In besonderem Maße gehört das Schauspiel ,,Die Weber" (1892) der genannten Dramenart an. In diesem Werk lehnen sich Gequälte und Entrechtete gegen ihre Unterdrücker auf und versuchen, eine Wende ihres furchtbaren Geschickes herbeizuführen. Das soziale Drama spiegelt freilich keineswegs immer den Kampf zwischen arm und reich wider. Gerade bei Gerhart Hauptmann zeigt sich, daß schon das Mitgefühl des Dichters ein Kennzeichen dieses Dramentyps sein kann. In ,,Rose Bernd" ist es die Titelgestalt, deren Tragödie auch durch ihre schwache Stellung in einer bestimmten gesellschaftlichen Position herbeigeführt wird. Wäre Rose Bernd ein Mädchen der Oberschicht, müßte sie nicht das Schicksal erleiden, das sie zu ertragen gezwungen ist. Es widerführe ihr das ihr Angetane gar nicht, wenn sie nicht als Bauernmädchen von dem Gutsbesitzer Flamm in gewissem Sinne abhängig wäre; zum anderen wäre es, hätte Rose eine andere gesellschaftliche Stellung inne, auch niemandem möglich, sie zu erpressen und immer tiefer ins Unglück zu stürzen. Hauptmanns Mitgefühl mit schwachen, gequälten Kreaturen kommt in diesem Werk auf intensive Weise zum Ausdruck. – Mitleid soll der Zuschauer auch mit der Zentralgestalt der Tragikomödie ,,Die Ratten" empfinden. Frau John gehört mit ihrem Mann zum aufstrebenden gehobenen Arbeiterstand bzw. Kleinbürgertum, das die Enge eines bedrückenden Mietshauses verlassen und ,,bürgerlich" leben möchte. Henriette Johns Ringen um Mutterschaft hat zum einen individuelle Wurzeln; zum anderen kommt einem Arbeiter wie Paul John, der gesellschaftlich avancieren möchte, ein Kind zu, für das zu arbeiten sich lohnt. – In den ,,Ratten" zeigen sich daneben deutlich die sozialen Abstufungen der Wilhelminischen Epoche. Hassenreuter ist ein Verfechter der etablierten Eigentumsverhältnisse; er dient der gesetzten ,,Ordnung" und verteidigt Krone und Altar. Sozial völlig abgesunken sind z. B. Pauline Piperkarcka und Frau Sidonie Knobbe, die beide bessere Tage gesehen haben. Zu den Asozialen zählt Bruno Mechelke, Frau

Johns Bruder. Gerade in diesem Werk, welches auf symbolische Weise das Gefüge der Wilhelminischen Ära widerspiegelt, zeigt sich das ganze Spektrum gesellschaftlichen Seins in einer wichtigen Phase der deutschen Geschichte.

Naturalistisch sind die drei betrachteten Dramen auch in der Gestaltung. Gerhart Hauptmann gab das wahre Leben, die sog. Wirklichkeit, durch exakte Studien („Die Weber"), poetische Verdichtung und Vertiefung eines Mädchenschicksals („Rose Bernd") und dichterische Übertragung von Erlebtem und Gelesenem („Die Ratten") mit starkem, echtem Gefühl für Milieu und für die Zeit des Geschehens wieder.

In der Milieuschilderung sind die drei Werke besonders überzeugend. Hauptmann zeigt in den „Webern" den Kontrast zwischen dem Leben der Reichen in ihren stattlichen Häusern und dem der Armen in ihren Hütten auf erschütternde Weise. Auch „Rose Bernd" ist so überzeugend, weil es der Dichter gut verstand, das Milieu des Lebens in einem schlesischen Dorf naturgetreu wiederzugeben. „Die Ratten" führen schließlich in die muffige, dunkle und unheimliche Atmosphäre einer Berliner Mietskaserne, die intensiv eingefangen wurde.

In den Dramen „Die Weber", „Rose Bernd" und „Die Ratten" bietet Hauptmann, naturalistisch arbeitend, genaue Anweisungen für das Bühnenbild, das die Wirklichkeit widerspiegeln soll; sie gehen bis ins Detail.

Wenn er in den drei Werken auch die wichtigen Personen genau beschreibt (Regieanweisungen) oder sich entfalten läßt, so liegt das auf der gleichen Linie. Die Personenzeichnung soll das wahre Leben wiedergeben, wenn auch in dichterischer Überhöhung. Hauptmanns dramatische Charaktere wirken insbesondere deshalb bis heute so überzeugend und ergreifend, weil hier das Leben in seiner ganzen Vielfalt von einem gründlichen Beobachter auf die Bühne gebracht wurde.

Die wesentlichen Dramenfiguren sind – und auch darin zeigt sich der Naturalismus der betrachteten Werke – in ihrem Handeln determiniert. Die Weber müssen sich Luft verschaffen, weil ihre Not nicht mehr zu ertragen ist; nicht dem Kopf entspringt der Aufstand, sondern dem starken Gefühl, das die Not prägt. „Rose Bernd" zeigt ebenfalls, daß der einzelne Mensch durch Vererbung, soziale Struktur und Milieu schicksalhaft verstrickt ist und im Grunde gar nicht anders handeln kann, als er es tut. Auch in den ,,Ratten" offenbart sich eine solche Auffassung vom Handeln des Menschen. Frau John folgt ihrem Muttertrieb; sie agiert, ohne nachzudenken und die Folgen ihres Tuns zu ergründen. Tragisches entwickelt sich aus dem Sein des Menschen, nicht aus seinem Denken – so könnte man es mit der notwendigen Vereinfachung formulieren.

Es gäbe noch manches zu erwähnen, wollte man die naturalistischen Gemeinsamkeiten der drei Werke umfassend darlegen. Ein kurzer Blick auf die Sprache möge aber am Schluß stehen. Nur am Rande sei vermerkt, daß Gerhart Hauptmann in den drei Werken entsprechend der naturalistischen Lehre, er sei unecht und komme im wahren Leben nicht vor, den Monolog nahezu ganz vermeidet und Dialoge in den Mittelpunkt rückt. Wichtiger ist ein Blick auf die Art und Weise, wie der Dichter die ,,Sprache des Lebens" wiederzugeben versuchte. Die sprachliche Gestaltung zeigte in besonderem Maße Hauptmanns Willen und Vermögen, Wirklichkeit überzeugend auf die Bühne zu transponieren. ,,De Waber", die Urfassung des ,,Weber"-Schauspiels, zeigt als Dialektdrama sprachliche Authentizität, denn so haben die Weber des Eulengebirges und seines Vorlandes tatsächlich gesprochen. Dabei achtete Hauptmann aber genau auf Unterschiede in der Sprache der Dorfbewohner; Gebildeten ließ er, die schlesischen Gegebenheiten festhaltend, das Hochdeutsche. Auch ,,Rose Bernd" läßt Hauptmanns Kunst der sprachlichen Gestaltung erkennen; Dialekt und Hochsprache werden den Personen in angemessener Weise zugeordnet und zeigen bemerkenswerte Differenzierungen. In den ,,Ratten", seinem letzten Drama auf naturalistischer Basis, stellte der Dichter nochmals unter Beweis, in welchem Maße er die lebensvolle sprachliche Gestaltung eines Bühnenwerkes beherrschte. Man stelle sich nur einen dialektsprechenden Hassenreuter und eine hochdeutsch redende Frau John vor, um zu ermessen, welche Bedeutung Hauptmanns Arbeitsweise zukommt!

Während Thematik und Gestaltung die Dramen ,,Die Weber", ,,Rose Bernd" und ,,Die Ratten" als Werke der naturalistischen Schaffensphase Gerhart Hauptmanns ausweisen, zeigt die Struktur kein so einheitliches Bild und nichts formal konsequent Neues.

Das Schauspiel ,,Die Weber" läßt, wie dargelegt wurde, epische Elemente erkennen. Wesentliche Phasen des Aufstands werden durch Erzählen im Rahmen des dramatischen Gesprächs wiedergegeben. Das Werk enthält viele Berichte und Beschreibungen, die an die Stelle von dramatischer Handlung treten. Einheit des dramatischen Geschehens wird nicht durch eine kontinuierliche Handlung erreicht; die Ereignisse und Zustände werden von einem „unsichtbaren epischen Ich“ (Peter Szondi)[129] vorgeführt. Die geschlossene Dramenform wird durch Stimmungsbilder aufgelöst. Den inneren Zusammenhang zwischen den Akten bringt aber ein geschickt eingesetztes Lied zustande, das immer wieder auftauchende „Weberlied“. Auch sonst hat es der Dichter verstanden, in einem Werk, das verhältnismäßig lose miteinander verknüpfte Bilder und die Zeichnung vieler Charaktere statt der Entwicklung weniger Bühnenfiguren zeigt, durchaus dramatische Akzente zu setzen; es erübrigt sich, hier Einzelheiten, welche „Die Weber“ als wirksames Theaterstück ausweisen, zu wiederholen.

Gewisse epische Züge trägt auch die Tragikomödie „Die Ratten“, wie gezeigt werden konnte. Epische Elemente liegen schon darin, daß das Mutter-John-Geschehen durch die Hassenreuter-Handlung immer wieder unterbrochen, von ihr gespiegelt und auch kommentiert wird. Die Hassenreuter-Komödie wurde von Hauptmann als Mittel der epischen Distanzierung zum dramatischen Geschehen verwendet. Die illusionäre Scheinwelt des Theaterdirektors steht dabei in einem starken Kontrast zur tragischen Wirklichkeit des Schicksals der Frau John. Die realitätsferne Mimenkomödie um Hassenreuter verstärkt den Eindruck, daß das Gebäude, in dem die Bewohner leben, tatsächlich von „Ratten“ unterhöhlt wird. Die Dichtheit der Atmosphäre war für Hauptmann – und auch hierin kann man epische Elemente erblicken – insgesamt wichtiger als eine dramatisch-straffe Fügung des Geschehens. Zeigte das Schauspiel „Die Weber“ eine Auflösung der geschlossenen Dramenform vor allem durch Stimmungsbilder, so liegt in der Tragikomödie „Die Ratten“ das epische Element insbesondere im Nebeneinander zweier „Welten“, die einen starken Kontrast darstellen. Die Mimenkomödie um Harro Hassenreuter trägt zum Verständnis der Muttertragödie um Frau Henriette John vor allem dadurch bei, daß der Theaterdirektor die tatsächlichen Gegebenheiten zwar meistens nicht erkennt, sich aber doch zu Geschehnissen äußert und dadurch den Zuschauer dazu bringt, über die Mutter-John-Handlung stärker nachzudenken. Diese epischen Züge gehen bei Gerhart Hauptmann allerdings nicht so weit, daß der Betrachter – wie bei Bertolt Brecht –

auch Distanz zur tragischen Hauptgestalt finden sollte. Mit ihr darf er fühlen, und ihr Schicksal sollte ihn auch im aristotelischen Sinne läutern. Keine Identifikation dürfte es allerdings mit einem Mann wie Harro Hassenreuter geben, der das zentrale Geschehen oft mißverstehend und falsch deutend begleitet. Er trägt mit seinem theatralischen Verhalten jedoch im Sinne des epischen Theaters dazu bei, daß der Zuschauer die Mutter-John-Handlung nicht nur direkt miterlebt, sondern auch aus einer zweiten Perspektive zu betrachten vermag.

Epische Elemente sind in den ,,Webern" und in den ,,Ratten" nicht zu verkennen. Aber auch in diesen beiden Werken wollte oder konnte Gerhart Hauptmann die Tradition der klassischen Tragödie nicht abstreifen. Es sind Bühnenstücke, welche die typischen Kennzeichen dieses überkommenen Dramentyps tragen. Gustav Freytag hielt sie in der Spätphase der Entwicklung fest: Exposition, Steigerung durch ,,erregende Momente", Höhepunkt der Verwicklung, ,,fallende Handlung" mit retardierenden Momenten, Katastrophe bzw. Lösung. Von den in diesem Buch näher betrachteten Dramen vertritt ,,Rose Bernd" diesen strengen Aufbau am klarsten und eindeutigsten, wie ausführlich dargelegt werden konnte. Dieses Werk stellt in besonderem Maße unter Beweis, daß G. Hauptmann zu den deutschen Dramatikern gehört, welche die traditionelle Tragödienform im 20. Jahrhundert mit Können aufgegriffen und zur wohl letzten Blüte führten.

Inhaltlich ,,modern" – formal weitgehend an Überkommenes gebunden, wenn auch mit neuen Akzenten: dieser vermeintliche Widerspruch rief so manchen Kritiker auf den Plan. Es gibt eine Fülle von Publikationen, die Hauptmanns dramatisches Schaffen seiner naturalistischen Phase sehr unterschiedlich beurteilen. Hier ist nicht der Ort, darauf einzugehen.

Von Bedeutung ist es dagegen, vor einer abschließenden kurzen Beurteilung Hauptmanns Intentionen bei der Abfassung von Bühnenstücken darzulegen. Es ging ihm vor allem um eine wahrhafte Wiedergabe des Lebens. Darüber schrieb der Dichter:

> ,,Die erste Verpflichtung beim Beginn einer dramatischen Arbeit ist die, wahr zu sein und wahr zu bleiben. Der moderne Mensch und der Mensch überhaupt aber ist nicht auf eine wahrhafte und zulängliche Weise darzustellen, wenn man ihm die Bedingungen seiner natürlichen Umgebung nimmt und ihn dafür in eine künstliche stellt. (Künstlich hier ebenso im

Gegensatz zu Kunst wie Natur genommen.) Will man also einen Menschen im Bilde lebendig machen, so kann man zwar und muß, wie das Auge, ein Verkleinerungsverfahren anwenden, aber doch nur so, daß nichts Wesentliches ausfällt und das Bild den Begriff des Ganzen richtig gibt. Der dramatische Dichter entwickelt, gleichwie das Leben selbst, seine Gestalten in Raum und Zeit. Der moderne Mensch ist nicht zu denken außer sozial, also ist er auch im Drama nicht darzustellen, wenn man ihm seine sozialen Beziehungen nimmt (...)"[130]

Wie Hauptmanns Ausführungen zur dramatischen Darstellung unschwer erkennen lassen, sah er seine Hauptaufgabe darin, den modernen Menschen mit seiner sozialen Umgebung wirklichkeitsgetreu wiederzugeben. In einer Schrift, die zwischen 1907 und 1914 entstanden ist[131], legte Hauptmann also nochmals ein Bekenntnis zum naturalistischen Drama ab; diese Tatsache ist in unserem Zusammenhang wichtiger als weitere Äußerungen zum Drama (Personenkonstellation, gemeinsame und individuelle Geschicke, Notwendigkeit der Vereinfachung, persönlicher Stil eines Künstlers u.a.).

Gerhart Hauptmanns Stärke lag nicht darin, traditionelle Formen des Dramas zu überwinden; ihm ging es vor allem darum, das Leben unverfälscht auf die Bühne zu bringen. Gerade die Dramen seiner naturalistischen Schaffensphase haben das bleibende Verdienst, die thematisch verkrustete Dichtung am Ausgang des 19. Jahrhunderts mit neuem Leben erfüllt und besonders im Drama den Weg zu aktuellen menschlichen Problemen nachhaltig gebahnt zu haben. Diese Leistung war es, die u.a. Theodor Fontane und Alfred Kerr früh zu rühmen wußten. Gerhart Hauptmann gelang der Durchbruch zu etwas Neuem in der deutschen Literatur; er war es, mit dem die deutsche Dichtung der Moderne eigentlich begann. „Die Weber", „Rose Bernd" und „Die Ratten", Werke der naturalistischen Schaffensphase Hauptmanns, sind wichtige Beispiele für diesen Weg zum neueren deutschen Drama; die Qualität dieser Theaterstücke wird schon dadurch dokumentiert, daß sie auch Menschen unserer Zeit unmittelbar anzusprechen vermögen.

Didaktisch-methodische Anmerkungen zu „Die Weber"

1. Voraussetzungen der unterrichtlichen Behandlung

Es gehört zu den Eigentümlichkeiten moderner Lehrpläne, daß manche Dramen für eine zu frühe Altersstufe vorgeschlagen werden[132]. Der Deutschlehrer kann also nicht in jedem Fall die hier gebotenen Anregungen ungeprüft übernehmen. Mit Recht wies Jürgen Hein schon 1975 in seinem Beitrag „Dramatische Formen im Unterricht" darauf hin, daß bei der Unterrichtsplanung die „Altersgerechtheit" eine Rolle spiele, da sie ein Faktor bei der „Auswahl dramatischer Formen" sei[133]. Es zeigt sich bis heute, daß die dem Drama gewidmete literaturdidaktische Diskussion, deren erste Phase Adolf Beiß schon 1970 widerspiegelte[134], noch lange nicht zu allgemeingültigen und alle überzeugenden Ergebnissen geführt hat, denn nur so kann man sich Fehlgriffe, zu denen die Verfrühung gehört, erklären. – Auch auf der Grundlage neuerer Forschungsergebnisse wird man die entwicklungspsychologische Begründung der Lektüre-Auswahl nicht außer acht lassen können. Man sollte in dieser Frage freilich nicht mehr auf das von Robert Ulshöfer in seiner „Methodik des Deutschunterrichts. Mittelstufe II" 1957 Postulierte [135] zurückgreifen, weil die didaktische Dramen-Diskussion zumindest so weit gediehen ist, daß man schematische Einteilungen und allgemeingültige Lektüre-Vorschläge ablehnt. Robert Ulshöfer selbst begründete 1974 seine neue Position, die auch ein Abgehen von starren entwicklungspsychologischen Vorstellungen bedeutete, wie folgt: „Die durch die technischen Medien und die soziokulturellen Veränderungen der Gegenwart hervorgerufene Lage fordert eine neue didaktisch-methodische Theorie und Praxis der Arbeit mit dem Drama"[136]. Ulshöfer und andere Didaktiker, die neue Ansätze in der unterrichtlichen Behandlung von Dramen diskutierten, blieben bei der Auffassung, daß bei der Lektüre-Auswahl die Altersgemäßheit von Bedeutung sei. Die Hauptschwierigkeit bereitet allerdings der Gegenstand selbst. Rolf Geißler betonte 1976 zur Frage des altersgerechten Lesens, das Problem des Dramas im Unterricht liege u. a. darin, „daß es eigentlich – als ‚großes Bühnenstück' – erst einer Bildungsstufe zugänglich ist, die außerhalb der regulären Schulzeit liegt"[137].

Gerhart Hauptmanns Schauspiel ,,Die Weber" sollte man keinesfalls vor der 10. Jahrgangsstufe lesen, was zu begründen sein wird. Als vernünftig muß man es in diesem Zusammenhang bezeichnen, daß die Lektüre der Dramen ,,Die Weber", ,,Rose Bernd" und ,,Die Ratten" im jüngsten aller an den bayerischen Gymnasien gültigen Deutsch-Lehrpläne (30.4.1981) nun für die 11. Jahrgangsstufe vorgeschlagen wird[138]. Nur für ,,Die Weber" soll hier begründet werden, warum gerade naturalistische Dramen einen gewissen Reife- und Wissensgrad bei Schülern voraussetzen.

Von grundlegender Bedeutung ist die Tatsache, daß Film und Fernsehen heutzutage oft eine Realität vorspiegeln, die im Grunde nicht die Wirklichkeit wiedergibt, sondern eine vielfach unwahre Fiktion darstellt. Im Anschluß an eine Erörterung dieses Problems gilt es nun, den Schülern klarzumachen, daß – wie es Else Löns treffend formulierte – ,,vom Künstler zwar Wahrheit, nicht aber unbedingt Wirklichkeit gefordert wird"[139]. Mit seinen Mitteln kann er das wahre Leben wiedergeben, ohne einen bloßen Abklatsch der Wirklichkeit zu bieten – so, wie ein Maler in der Gestaltung der Realität einem Fotografen überlegen sein kann. Nur einem Schüler ab etwa der 10. Jahrgangsstufe kann man diesen Tatbestand in vollem Maße erläutern und klarmachen. Gerade weil er vielleicht meint, der Naturalismus verlange eine pure Wiedergabe der Wirklichkeit und dürfe nur ein völlig der sog. Realität entsprechendes Bild entwerfen, ist eine zu frühe Durchnahme der ,,Weber" nicht zu empfehlen; das Mimesis-Problem sollte angemessen erörtert werden[140].

Ein bestimmtes Maß an Wissen und Können setzt die Behandlung des Schauspiels ,,Die Weber" auch deswegen voraus, weil man ohne einen Blick auf die Theorie des literarischen Naturalismus nicht auskommt. Die nur werkimmanente Deutung kann dem Werk nicht gerecht werden. Es besteht vielmehr die Aufgabe, die Schüler mit der Programmatik des Naturalismus, welche die Wahl des Themas und die Gestaltung des Stoffes beeinflußte, wenigstens in Ansätzen vertraut zu machen. Neben der Übermittlung der literaturtheoretischen Grundlagen ist ein Blick auf den Autor Gerhart Hauptmann, seine künstlerische Konzeption und seine Arbeitsweise nötig. Von sekundärer Bedeutung ist die Frage, wie man diese Voraussetzungen im Unterricht zu schaffen versucht; es sind eher methodische Überlegungen, die den Standort innerhalb einer Unterrichtsreihe festlegen. Es dürfte sich aber als günstig erweisen, die biographischen

Fakten und die programmatischen Grundlagen schon vor der eigentlichen Durchnahme des Dramas zu vermitteln. Wie man sieht, sind grundsätzliche Voraussetzungen zu schaffen, wenn man „Die Weber" erfolgreich im Unterricht durchnehmen möchte. Jede einseitige, nicht verschiedene Aspekte beachtende Behandlung ist im übrigen gerade bei diesem Drama nicht gerechtfertigt. Die von Hermann Helmers in seiner „Didaktik der deutschen Sprache" genannten wichtigsten Methoden der Literaturbehandlung, die „biographische" Werkbetrachtung und die „Werkinterpretation"[141], muß man miteinander zu verbinden versuchen; es ist nach dem Erwähnten auch selbstverständlich, daß man die für den Dichter bestimmende Kunsttheorie nicht außer acht läßt und die Einordnung in die Literaturgeschichte nicht übersieht.

2. Vorbereitung der Durchnahme im Unterricht

Ein gewisses Hemmnis, das es vor der Lektüre bzw. Besprechung zu überwinden gilt, ist die sprachliche Gestaltung der „Weber". Ohne Hinweise auf wichtige Kennzeichen der gebirgsschlesischen Mundart[142], die – zusammen mit den anderen Dialekten Schlesiens – dem ostmitteldeutschen Sprachraum zugehört und manche seiner Wesenszüge deutlich aufweist, sollte man den Schülern die häusliche Lektüre nicht zumuten. Einen direkten Zugang zu dieser Sprache haben im Bereich der Länder des Bundesgebietes aufgrund ihrer eigenen Sprache wohl nur Berliner Schüler, denen der Klang der schlesischen Mundarten infolge der Herkunft vieler Berliner aus der früheren preußischen Provinz Schlesien nicht fremd ist. Im sonstigen Bundesgebiet spielt das Schlesische, das Flüchtlinge und Vertriebene seit 1945 mit sich in den Westen brachten, eine abnehmende Rolle. Die altansässigen Dialekte werden mehr und mehr auch von den jungen Menschen angenommen, deren Eltern oder Großeltern aus dem ehemaligen Ostdeutschland stammen; viele weichen aber auch gänzlich auf das Hochdeutsche aus und meiden jedes mundartliche Sprechen. – Der Hinweis auf die wesentlichsten Besonderheiten des gebirgsschlesischen Dialekts dürfte einen unerwünschten Nebeneffekt verhindern, nämlich die Tatsache, daß schlecht bzw. falsch gesprochene Mundart eine komische Wirkung hat. Unterstützen kann man dieses Eindringen in das Wesen und in die Wirkung des Dialekts auch dadurch, daß man eine Aufnahme des Dramas vorspielt – entweder den Mitschnitt einer Hörfunkfassung oder die Videoaufnahme einer Fernsehproduktion. Allerdings dürfte nur in seltenen Fällen dazu eine Möglichkeit bestehen[143].

Ebenfalls nicht leicht ist der Zugang zur Thematik der „Weber". Jungen Menschen von heute fällt es – übrigens auch im Geschichtsunterricht – oft schwer, sich lebensbedrohende Notzustände, welche letztlich die rasche Industrialisierung und eine verfehlte Wirtschaftspolitik im 19. Jahrhundert verursachten, vorzustellen. Sie, die in einem gewissen Wohlstand aufgewachsen sind, vermögen kaum zu glauben, daß ein solches Elend längere Zeit ohne Gegenmaßnahmen der Betroffenen möglich war. Hier gilt es, die soziale Lage der Arbeiter im vergangenen Jahrhundert vor der verbessernden Gesetzgebung des Deutschen Reiches eingehend zu erläutern und auch darauf hinzuweisen, daß es die Hilfe von Gewerkschaften, heute eine Selbstverständlichkeit, nicht gab. Eine Möglichkeit, das Verständnis der Notlage von 1844 zu erleichtern, bietet sich auf zwei Wegen an. Zum einen sollte man auf die Lage in der sog. Dritten Welt hinweisen; auch dort gibt es Staaten in einer Übergangsphase vom handwerklichen Arbeiten zum industriellen Produzieren, die viel menschliches Elend aufweisen. Zum anderen zeigen die hohe Arbeitslosenzahl und die zunehmende Verschuldung in vielen Staaten unserer Tage, daß wirtschaftliche und soziale Probleme immer wieder einmal in Erscheinung treten und daß Gegenmaßnahmen oft von geringem Erfolg sind. So wird offenbar, daß uns die Not der Weber des Jahres 1844, die auch in den 90er Jahren nicht völlig überwunden war, heute noch als Beispiel etwas zu sagen hat; Hauptmanns Schauspiel ist ein Appell, ins Elend Geratenen zu helfen und Eigennutz in schwierigen wirtschaftlichen Situationen zu bekämpfen.

Auch die Erarbeitung der dramatischen Struktur der „Weber" ist keine einfache Aufgabe. Schüler erwarten gewöhnlich von einem Drama (= „Handlung"), daß möglichst viel auf der Bühne geschieht – so, wie sie es aus Filmen kennen. Hauptmanns Schauspiel bietet aber breite Zustandsschilderungen mit Gesprächen, läßt den Aufstand nur durch Berichte und Beschreibungen miterleben (Ausnahme: das Eindringen einer Weber-Schar in Dreißigers Haus am Ende des 4. Aufzugs) und zeigt sein blutiges Ende gar nicht. Hier muß man die Einsicht vermitteln, daß Hauptmann angesichts des Stoffes gar nicht anders arbeiten konnte, als er es tat. Statt dramatischer

Handlung mußte er oft epische Mittel einsetzen, weil z. B. bühnentechnisch anderes nicht möglich und künstlerisch Alternatives nicht sinnvoll erschien. – Man muß jungen Menschen auch die Augen dafür öffnen, daß dramatisches Geschehen nicht ,,action" zu sein braucht; Dramatisches kann durchaus in einer Handlung liegen, deren Hauptanliegen die Entwicklung innerer Spannung ist. Das Aufbegehren der Weber steigert sich von Akt zu Akt. Das mußte Hauptmann nicht dadurch zeigen, daß er die Wut der Gequälten in immer stärkeren Übergriffen auf die Bühne brachte. Er begnügte sich mit einer beispielhaften Tat (am Ende des 4. Akts); anderes (das Randalieren vor Dreißigers Haus) bietet er nur akustisch (4. Akt), vom Zug der Weber läßt er berichten (5. Akt), und der Aufstand in Langenbielau wird als Bericht bzw. Beschreibung sowie wieder akustisch übermittelt (5. Akt).

Alle diese Hinweise auf die verschiedensten Überlegungen und Aufgaben, welche die Durchnahme der ,,Weber" nötig macht, sollten von einer Beschäftigung mit diesem Drama nicht abraten. Im Gegenteil! Es gehört für Lehrende und Lernende zu den reizvollsten Aufgaben, wenn sie sich im Rahmen der Beschäftigung mit Literatur des 19. Jahrhunderts gerade Gerhart Hauptmanns Schauspiel ,,Die Weber" zuwenden. Dieses Werk macht wie kaum ein anderes die Verbindung zwischen literaturtheoretischer Grundlage und poetischer Praxis deutlich; sie zeigt sich im Inhalt wie in der Gestaltung. Das Drama läßt wie kein anderes das Verhältnis zwischen Dichtung und Wirklichkeit erkennen, weil man die Quellen mit dem Ergebnis zu vergleichen vermag. Es zeigt überdies einen Dichter, den persönliches Engagement zum Schreiben drängte. In den ,,Webern" griff der Verfasser einen Stoff auf, der nicht verstaubtes Bildungsgut darstellte, sondern auch etwa 50 Jahre nach den historischen Ereignissen noch aktuell war. Der Gegenstand war dazu angetan, die Menschen zum Nachdenken anzuregen, griff doch der Dichter eines der vielen Probleme auf, die das 19. Jahrhundert mit seiner stürmischen Entwicklung mit sich brachte, deren Lösung aber kaum möglich war.

3. Durchführung der Dramenbehandlung

Da die unterrichtlichen Voraussetzungen starke Unterschiede aufweisen und die individuellen Vorstellungen von einer Unterrichtsreihe über G. Hauptmanns Schauspiel „Die Weber" differieren, wird hier davon abgesehen, eine Sequenz modellartig aufzuzeigen. Vielmehr soll Wesentliches skizzenhaft dargeboten werden.

Die notwendigen Einführungsstunden in die Behandlung des Dramas sollten der Lektüre vorangehen, damit das Verständnis des Werkes gefördert wird. Lehrervortrag, Schülerreferate und das gemeinsame Analysieren von theoretischen Texten sind die wichtigsten Unterrichtsverfahren. Stets muß den Schülern hinreichend Zeit für Fragen eingeräumt werden; sie befruchten das Unterrichtsgespräch in besonderem Maße. Maximal drei Einführungsstunden sollten eingeplant werden: 1. Die Epoche des Naturalismus, ihre Grundlagen und ihre Theorie (Lehrervortrag bzw. Schülerreferate über den Naturalismus und seine Grundlagen; gemeinsame Analyse theoretischer Texte[144]). 2. Gerhart Hauptmann – Leben und Werk (Schülerreferate, Ergänzendes bietet die Lehrkraft; Verwendung von Diapositiven[145]). 3. Typische sprachliche Eigenheiten des Gebirgsschlesischen[146] – Zur Mundartdichtung in Deutschland: Beispiele (auch aus dem Lebensraum der Schüler), Absichten, Grenzen (Informationen durch den Unterrichtenden müssen hier dominieren, doch sind im zweiten Teil im Rahmen eines Unterrichtsgesprächs den Schülern wichtige Beiträge möglich).

Erst dann, wenn die jungen Menschen eine gewisse Vertrautheit mit der Sprache der „Weber" erlangt haben, ist das Lesen für sie leichter möglich. Die häusliche Lektüre darf höchstens zwei Wochen umfassen. Offen bleibt die Frage, ob man sie gleich mit Fragen zum Werk verbinden sollte. Das unbefangene, nicht eingeengte Lesen ist der Alternativmethode aber wohl doch vorzuziehen; es ist den Schülern zuzumuten, später einiges unter bestimmten Gesichtspunkten nochmals zu lesen. – Es hat sich bewährt, der Lektüre eine zweite Textbegegnung unmittelbar anzuschließen. Das Vorspielen einer Aufnahme der „Weber" ist aber nur selten möglich[147]. Die Funkfassung des Bayerischen Rundfunks, erstmals am 4. 12. 1962 gesendet (Regie: Heinz Günter Stamm), wird nur wenigen Lehrkräften zur Verfügung stehen. Häufiger ist vermutlich – als Videoband – eine Fernsehproduktion vorhanden, die am 27. 1. 1980 vom Zweiten Deutschen Fernsehen erstmals gesendet wurde (Regie: Fritz Umgelter); auch ihr Ton-Mitschnitt könnte verwendet werden. Gerade die eben genannte ZDF-Verfilmung weist aber sprachliche Probleme auf: nur wenige der Mitwirkenden beherrschen den schlesischen Dialekt wirklich oder bringen zumindest den eigentümlichen Tonfall zustande. – Die akustische bzw. audiovisuelle Textbegegnung, die gerade erwähnt wurde, könnte natürlich auch die Unterrichtsreihe über „Die Weber" beschließen und eine Abrundung durch etwas Besonderes bieten. Dafür ist das Vorspielen der Fernsehfassung weit besser geeignet als das einer Hörfunkaufnahme, weil der Fernsehfilm den eigentlich wünschenswerten Theater-Besuch, der meistens nicht möglich ist, zu ersetzen vermag.

Die weiteren Stunden der Unterrichtsreihe – meistens folgen sie nach einem kleinen Abstand den Einführungsstunden und setzen außerdem die häusliche Lektüre als Grundlage voraus – können den folgenden Themen gewidmet sein:

1. Die Webernot von 1844 in Schlesien – Wirklichkeit und Dichtung (Grundlage für den Vergleich von Textstellen aus Hauptmanns „Webern" mit relevanten Quellen-Texten ist die Dokumentation von Hans-Schwab-Felisch in dem Buch, das auch den Text des Dramas enthält[148]); Hinweise auf Hauptmanns Quellenauswertung und Studienreisen ins Weber-Gebiet; weitere Informationen über Entstehung und Gestaltung (der Blick auf die Sprache bleibt aber noch aufgespart).

2. Profitgier der Fabrikanten und Not der Weber
(Textgrundlage: 1. und 2. Akt; Gliederung: Die Lage der Fabrikanten – Das Verhalten der Unternehmer, dargelegt am Beispiel Dreißigers – Die Not der Weber im Eulengebirge).

3. Die aussichtslose Lage der Barchentweber
(Textgrundlage: 3. Aufzug; Gliederung: Das Verhalten des Adels, der Bauern und der Geistlichen gegenüber den Webern – Das Verhalten der Regierung und der Polizei – Dichterische Mittel der Situationsschilderung im 3. Akt – Dramatische Akzente am Ende des 3. Aufzugs).

4. Der Beginn der Erhebung
(Textgrundlage: 4. Akt. Wichtige Abschnitte sollte man im Unterricht ganz lesen lassen – mit verteilten Rollen. Danach ist es angebracht, auf Dreißigers Wesen und Verhalten einzugehen. Aber auch der Pastor Kittelhaus, der das Wohlleben im Hause des Fabrikanten genießt und sich für die Not der Weber nicht für zuständig hält, muß charakterisiert werden, desgleichen auch der mutige Kandidat

Weinhold, Hauslehrer von Dreißigers Söhnen, aus dem die Meinung des Dichters spricht. Wichtig ist auch ein Hinweis darauf, daß die Gefangennahme Jägers zur Erstürmung des Hauses und der Fabrik führt. Der Übergriff der Weber ist Höhepunkt und eigentliche Wende des Aufstands in einem; der Staat, im Polizeiverwalter Heide und im Gendarmen Kutsche brüskiert, muß bald eingreifen).

5. Der alte Baumert und der alte Hilse

(Textgrundlage: 5. Akt; Gliederung: Der alte Baumert – Der alte Hilse – Unterschiedliche Auffassungen – Hilses Tod und seine dramatische Funktion – Das nahe Ende der Erhebung – Die Sonderstellung des 5. Aufzugs im Schauspiel „Die Weber").

6. Die sprachliche Gestaltung der „Weber" und ihre Funktion

(Gliederung: Die „Sprache des Lebens" in der Dichtung – G. H. und seine Kenntnisse des Gebirgsschlesischen – „De Waber" als Mundartfassung – „Die Weber" als eine dem Hochdeutschen stärker angenäherte Version des Dramas – Die Sprachschichten in den „Webern" als Abbild der Realität – Differenzierungen und ihre Bedeutung – Quellen Hauptmanns und ihre Verwendung auf sprachlichem Gebiet – „Das Blutgericht": Zitieren und Aufgabe im Drama).

7. Epische Elemente in den „Webern" – Absicht oder dichterische Schwäche?

(Ausführliche Hinweise auf epische Elemente in den „Webern", Analyse ihrer Eigenart, Diskussion über ihre Aufgaben – Diskussion über die Frage, ob es G. H. möglich gewesen wäre, diese Elemente durch Handlung zu ersetzen – Auszüge aus ablehnenden und zustimmenden Stellungnahmen zur Struktur des Dramas mit gemeinsamer Analyse).

8. „Die Weber": Aufbau und Personen

In der vorletzten Stunde der Unterrichtsreihe werden einige (übrigens auch für Hausaufsätze geeignete) Fragen erörtert, die mit der Struktur und mit Figuren des Dramas im Zusammenhang stehen:

– Sind G. Hauptmanns „Weber" eine lockere Bilderfolge, eine für die Bühne geschriebene soziale Reportage oder ein zielstrebig aufgebautes Drama?
– Wie gestaltet Hauptmann das dramatische Geschehen spannend, und wie steigert er es wirksam?
– Welche Szenen halten Sie für besonders wirkungsvoll? Warum?

– Aus welchem Grund gab G. Hauptmann seinen „Webern" wohl einen offenen Schluß? Was sagen Sie dazu?
– Wen halten Sie für die wesentlichste Gestalt in diesem Drama? Begründen Sie Ihre Meinung!
– G. Hauptmanns „Webern" fehlt ein „Held" im üblichen Sinne. Fehlt dem Werk dadurch der innere Zusammenhalt?

Weitere Themen[149] sind leicht zu formulieren; ihre Bearbeitung ist bei einer guten Durchführung der Unterrichtsreihe, zu der auch Informationen gehören, ab der 10. Jahrgangsstufe des Gymnasiums nicht zu schwierig. Auf der 11. Jahrgangsstufe und in der Kursphase der Kollegstufe (= reformierten Oberstufe) dürfte die Bearbeitung zu qualitativ höheren Ergebnissen führen. Nun kann auch das Mimesis-Problem in weit stärkerem Maße aufgegriffen werden. Man vermag z. B. erfolgreich zu erörtern, warum G. Hauptmann als naturalistischer Dramatiker bei der sprachlichen Gestaltung seiner Werke dieser Schaffensphase auf den Reim und auf den Monolog verzichtete (aus Gründen der Wahrscheinlichkeit).

9. Einordnung der „Weber" – Der Weberaufstand in der Dichtung – Das soziale Drama, seine Intention und Wirkung

Es ist wünschenswert, daß die etwa zwölf Stunden umfassende Unterrichtssequenz mit einer Einordnung und abschließenden Betrachtung des Werkes abgerundet wird. Besprochen werden u. a. die folgenden Themen: Die Gestaltung des Weberaufstandes in Dichtungen vor G. Hauptmanns „Webern" (Analyse und Vergleich) – Die Stellung der „Weber" innerhalb der deutschen sozialen Dichtung des 19. Jahrhunderts – Das soziale Drama in der deutschen Literatur und seine wichtigsten Intentionen – G. Hauptmanns soziales Engagement – Kann Dichtung die Welt verändern?

Angesichts der Tatsache, daß man mit den Schülern in der gesamten Gymnasialzeit wohl nur ein naturalistisches Drama ausführlich behandeln kann, ist die hier umrissene Unterrichtsreihe nicht zu aufwendig. Man sollte zudem bedenken, daß die skizzierte Konzeption vieles umfaßt und auch einen Einblick in das Schaffen des wichtigsten deutschen Dramatikers um die Jahrhundertwende, in die Programmatik des Naturalismus und in Gestaltungsprobleme dieser Kunstrichtung[150] zu vermitteln vermag.

Anmerkungen

[1] Hoefert, Sigfrid: Das Drama des Naturalismus. Stuttgart 1973 (2. Aufl.). – Cowen, Roy C.: Der Naturalismus. Kommentar zu einer Epoche. München 1981 (3. Aufl.). – Mahal, Günter: Naturalismus. München 1975.
[2] Cowen, Der Naturalismus, S. 11.
[3] Münchow, Ursula: Deutscher Naturalismus. Berlin 1968. Zitat: S. 7. – Ursula Münchows Naturalismus-Definition ist durchaus hilfreich, wenn man das Problem der Abgrenzung zwischen dem Naturalismus und dem Realismus berührt, das hier nicht ausführlich diskutiert werden kann, aber unbedingt erwähnt werden muß.
[4] Taine, Hippolyte: Histoire de la Littérature Anglaise. Tome premier. Paris 1863, XXII f.
[5] Vgl. Mahal, Naturalismus, S. 50.
[6] Cowen, Der Naturalismus, S. 32–50.
[7] Cowen, Der Naturalismus, S. 40.
[8] CA VII (1962), S. 1055. – Gemeint ist der Verein „Durch!".
[9] Vgl. Ruprecht, Erich (Hrsg.): Literarische Manifeste des Naturalismus 1880–1892. Stuttgart 1962.
[10] Hoefert, Das Drama des Naturalismus, S. 7.
[11] In: Das Magazin für Litteratur des In- und Auslandes, 1886, Nr. 51, S. 810. – Abdruck: Schmähling, Walter (Hrsg.): Naturalismus. Stuttgart 1977, S. 91–92. (Die deutsche Literatur in Text und Darstellung, Band 12).
[12] Naturalismus (Die deutsche Literatur in Text und Darstellung, Band 12), S. 91.
[13] Cowen, Naturalismus, S. 77.
[14] Meyer, Theo (Hrsg.): Theorie des Naturalismus. Stuttgart 1973, S. 128 f.
[15] Meyer, Theorie des Naturalismus, S. 132.
[16] Meyer, Theorie des Naturalismus, S. 174.
[17] Ruprecht, Erich (Hrsg.): Literarische Manifeste des Naturalismus 1880–1892. Stuttgart 1962, S. 68.
[18] In: Wiese, Benno von (Hrsg.): Deutsche Dramaturgie vom Naturalismus bis zur Gegenwart (Deutsche Texte, Band 15). Tübingen 1970. – Auszüge aus A. Kerrs „Technik des realistischen Dramas": S. 1–7. Zitat: S. 5.
[19] Naturalismus (Die deutsche Literatur in Text und Darstellung, Band 12), S. 105.
[20] Meyer (Hrsg.), Theorie des Naturalismus, S. 290. Erstpublikation in: Hauptmann, Gerhart: Die Kunst des Dramas. Über Schauspiel und Theater. Zusammengestellt von Martin Machatzke. Berlin 1963. S. 207.
[21] Vgl. Hildebrandt, Klaus: Gerhart Hauptmanns Verhältnis zur Geschichte. Diss. Erlangen-Nürnberg 1965. S. 76 f. Siehe auch: Hildebrandt, Klaus: Gerhart Hauptmann und die Geschichte. München 1968. S. 57 f.
[22] Vgl. Behl, C. F. W./Voigt, Felix A.: Chronik von Gerhart Hauptmanns Leben und Schaffen. München 1957, S. 25.
[23] Vgl. Requardt, Walter und Machatzke, Martin: Gerhart Hauptmann und Erkner. Studien zum Berliner Frühwerk. Berlin 1980. S. 48.
[24] Hauptmann, Gerhart: Das Abenteuer meiner Jugend, 2. Buch, 39. Kapitel. CA VII (1962), S. 1058.
[25] GH Hs 384 II, S. 931; vgl. Requardt/Machatzke, Gerhart Hauptmann und Erkner, S. 48.
[26] Vgl. Requardt/Machatzke, Gerhart Hauptmann und Erkner, S. 139.
[27] Vgl. CA XI (1974), S. 531 (Hauptmann, Gerhart: Zweites Vierteljahrhundert. Paralipomenon I. Annalen vom Jahr 1889 an).
[28] Vgl. Requardt/Machatzke: Gerhart Hauptmann und Erkner, S. 140.
[29] Wille, Bruno: Erinnerungen an Gerhart Hauptmann und seine Dichtergeneration. In: Heynen, Walter (Hrsg.): Mit Gerhart Hauptmann. Berlin 1922. S. 83–116. Vgl. bes.

S. 106! – „Vor Sonnenaufgang" wurde erst im Juni 1889 fertiggestellt. C. F. W. Behl berichtet von einem Gespräch mit Hauptmann am 23.9.1941: „Auf meine besondere Frage erklärte G. H., Schlenthers Angabe, er habe ‚Vor Sonnenaufgang' fast fertig aus Hamburg-Bergedorf nach Erkner mitgebracht, für falsch. Er entsinne sich genau, das Stück in Erkner geschrieben zu haben (...)". (Behl, C. F. W.: Aufsätze – Briefe 8 – Tagebuchnotizen. München 1981, S. 94).

30 Vgl. Chronik, S. 33.

31 Siehe auch: CA XI (1974), S. 533 (Hauptmann, Gerhart: Zweites Vierteljahrhundert. Paralipomenon I. Annalen vom Jahr 1889 an).

32 Guthke, Karl S.: Gerhart Hauptmanns Menschenbild in der „Familienkatastrophe" ‚Das Friedensfest'. In: GRM 43 (NF 12), 1962, S. 39–50; Alexander, Neville E.: Studien zum Stilwandel im dramatischen Werk Gerhart Hauptmanns. Stuttgart 1964. S. 33–46. Vgl. Hoefert, Sigfrid: Gerhart Hauptmann. Stuttgart 1974. S. 19f.

33 Vgl. Chronik, S. 33.

34 Vgl. CA XI (1974), S. 510 (Hauptmann, Gerhart: Zweites Vierteljahrhundert, 6. Kapitel).

35 CA XI (1974), S. 481–576; vgl. bes. die Seiten 510f., 517 und 547–554.

36 Hoefert, Gerhart Hauptmann, S. 20.

37 Hoefert, Gerhart Hauptmann, S. 21.

38 Siehe auch CA VII (1962), S. 834f. (Hauptmann, Gerhart: Das Abenteuer meiner Jugend, 8. Kapitel).

39 Requardt/Machatzke, Gerhart Hauptmann und Erkner, S. 178.

40 Siehe Requardt/Machatzke, Gerhart Hauptmann und Erkner, S. 178–210.

41 Dr. W(ilhelm) Zimmermanns „Großer Deutscher Bauernkrieg" (Volksausgabe), hrsg. von Wilhelm Blos. Stuttgart 1891.

42 Voigt, Felix A.: Die Entstehung von Gerhart Hauptmanns „Florian Geyer". In: Zs. f. dt. Philol., Bd. 69, 1944/45, S. 149–213; Weigand, Hermann J.: Auf den Spuren von Hauptmanns „Florian Geyer", in: PMLA, Vol. LVII, 1942, S. 1160–1195, und Vol. LVIII, 1943, S. 797–848.

43 Voigt, a. a. O., S. 159.

44 Agnetendorf, 27. Mai 1943. Behl., C. F. W.: Zwiesprache mit Gerhart Hauptmann. Tagebuchblätter. München o. J. (1949), S. 149.

45 Cowen, Roy C.: Hauptmann-Kommentar zum dramatischen Werk. München 1980. S. 113.

46 Daneben gibt es eine „Neue, der Schriftsprache angenäherte Fassung"; Paralleldruck in CA I (1966), S. 871–1005.

47 Vgl. Chronik, S. 32.

48 Aus: Brauneck, Manfred: Literatur und Öffentlichkeit im ausgehenden 19. Jahrhundert. Stuttgart 1974. S. 51.

49 Eine Zeittafel bietet Hans Schwab-Felisch (Gerhart Hauptmann: Die Weber. Vollständiger Text des Schauspiels und Dokumentation. Frankfurt/M.-Berlin-Wien 1979), S. 262–264.

50 Schwab-Felisch, a. a. O., S. 118.

51 „Bekanntmachung", veröffentlicht im ‚Schweidnitzer Kreisblatt'; Schwab-Felisch, a. a. O., S. 121f.

52 Schwab-Felisch, a. a. O., S. 153–159.

53 Breslau 1885. – Über die Auswertung vgl. Blankenagel, John C.: Alfred Zimmermann as a Source of Hauptmann's „Weber", in: Modern Languages Notes, XLI, 4, April 1926, S. 242–248. – Das Verhältnis zur Überlieferung betrachtet auch H. Schwab-Felisch, a. a. O., S. 82–84 und S. 106–110.

54 Praschek, Helmut (Hrsg.): Gerhart Hauptmanns „Weber". Eine Dokumentation. Berlin 1981. Quellen und Zeugnisse zur Entstehung: S. 33–106.

55 Vgl. Aubin, Hermann: „Die Weber". Ein Spiegel schlesischer Volksgeschichte. In: „Gerhart Hauptmann zum 80. Geburtstage", Breslau 1942. S. 121–126.

[56] Ausschnitt bei: Praschek, a. a. O., S. 51–64.
[57] Auszüge bei: Praschek, a. a. O., S. 39–51.
[58] Praschek, a. a. O., S. 43 (Textquelle: Alexander Schneer).
[59] Praschek, a. a. O., S. 45 (Textquelle: Alexander Schneer).
[60] In: Deutsches Bürgerbuch für 1845. Hrsg. von H. Püttmann. Darmstadt 1845. – Text bei Praschek, a. a. O., S. 64–82.
[61] Vgl. Praschek, a. a. O., S. 74f.
[62] Vgl. Praschek, a. a. O., S. 77–79.
[63] Heise, Wilhelm: Gerhart Hauptmann. Leipzig 1923. S. 24.
[64] Fechter, Paul: Gerhart Hauptmann. Dresden 1922. S. 81.
[65] Fechter, Paul: Gerhart Hauptmann. Gütersloh 1961. S. 22.
[66] Schlenther, Paul: Gerhart Hauptmann. Leben und Werke. Neue Ausgabe, umgearbeitet und erweitert von Artur Eloesser, Berlin 1922. S. 86.
[67] Gemeint ist „Vor Sonnenaufgang" (1889).
[68] „Kindlers Literatur-Lexikon", Band XI, S. 10 160. Zürich 1970, Kindler-Verlag.
[69] Paranjpe, Raghunath: Die historischen Dramen Gerhart Hauptmanns. Diss. München 1942. Kapitel „Die Weber", S. 6. – Die Verwendung des Dialektes in der Dichtung hat so unterschiedliche Gründe, daß einseitige Aussagen über Intentionen und Wirkungen immer problematisch sind. Wichtig ist in diesem Zusammenhang eine neuere Stellungnahme zur Mundartliteratur: „Mundart ist ambivalent; sie läßt sich ebenso regressiv/repressiv wie befreiend benutzen; wie sie Sinnlichkeit und Unmittelbarkeit von Sprache zu fördern vermag, kann sie auch Einengung des Gesichtskreises bewirken". Bosch, Manfred (Hrsg.). Mundartliteratur. Texte aus sechs Jahrhunderten. Frankfurt am Main/Berlin/Wien 1979. (Texte und Materialien zum Literaturunterricht. Hrsg. von Hubert Ivo, Valentin Merkelbach und Hans Thiel, Verlag Diesterweg), S. 2.
[70] Schwab-Felisch, a. a. O., S. 77.
[71] Bölsche, Wilhelm: Gerhart Hauptmann's Webertragödie, in: Freie Bühne, 3 (1892), S. 180–186.
[72] Hoefert, Gerhart Hauptmann, S. 23.
[73] Mehring, Franz: Gerhart Hauptmann's „Weber". In: Die Neue Zeit. Revue des geistigen und öffentlichen Lebens, 11. Jg., (1892/93), 1. Bd., S. 769–774. – Abdruck in: Schrimpf, Hans Joachim (Hrsg.): Gerhart Hauptmann. Darmstadt 1976. S. 19–28.
[74] Fontane, Theodor: Gerhart Hauptmann, „Die Weber". In: Das literarische Echo. Berlin. 1. Jg. (1898/99), Heft 2, Sp. 133f. – Abdruck bei: Schrimpf (Hrsg.), Gerhart Hauptmann, S. 29f.
[75] Bölsche, Gerhart Hauptmann's Webertragödie, a. a. O., S. 185.
[76] Szondi, Peter: Theorie des modernen Dramas. Frankfurt am Main 1967 (4. Aufl.). S. 79f.
[77] Schrimpf (Hrsg.), Gerhart Hauptmann, S. 26.
[78] Cowen, Hauptmann-Kommentar zum dramatischen Werk, S. 69.
[79] Löns, Else: Der Naturalismus in sozialen Themen: Gerhart Hauptmanns „Die Weber" – Käthe-Kollwitz-Bilder – Zola „Germinal". In: Der Deutschunterricht, Jg. 4 (1952), Heft 1, S. 105–112. Zitat: S. 107.
[80] Münchow, a. a. O., S. 102.
[81] May, Kurt: Hauptmann. Die Weber. In: Das deutsche Drama vom Barock bis zur Gegenwart. Interpretationen. Hrsg. von Benno von Wiese. Band II. Düsseldorf 1960 (2. Auflage), S. 157–165. Zitat: S. 161.
[82] Szondi, a. a. O., S. 69.
[83] Nach dem Bericht im „Gedenkbuch der Pfarre Ruppersdorf in Böhmen" (zitiert durch R. Iser in „Das Riesengebirge in Wort und Bild", IX, 1, Trautenau 1889, S. 25) setzte Zwanziger den Wochenlohn von 16 auf 14 Groschen herab. Vgl. Hildebrandt, Klaus: Gerhart Hauptmanns Verhältnis zur Geschichte, Diss. Erlangen-Nürnberg 1965, S. 138.
[84] Vgl. S. 32; Äußerung des Tischlers Wiegand gegenüber dem Reisenden.

[85] Sein Großvater war noch Weber. Siehe dazu eine Äußerung der Frau Welzel im 3. Akt, S. 34.
[86] May, Kurt: Hauptmann · Die Weber, a. a. O., S. 164 f.
[87] Vgl. S. 61.
[88] Vgl. S. 70.
[89] May, Kurt: Hauptmann · Die Weber, a. a. O., S. 164.
[90] Szondi, a. a. O., S. 20–73 („Die Weber": S. 68–73).
[91] Chronik, S. 54.
[92] CA IX (1969), S. 1033–1047. Andere Teile der Paralipomena zu „Rose Bernd", ein 2. Akt und Bruchstücke eines dritten Akts, sind hier ebenfalls abgedruckt: S. 1048–1061.
[93] Vgl. Pilz, Georg: Deutsche Kindesmordtragödien. Wagner · Goethe · Hebbel · Hauptmann. München 1982. (Reihe: „Analysen zur Sprache und Literatur", Verlag R. Oldenbourg).
[94] Schrimpf, Hans Joachim: Hauptmann · Rose Bernd. In: Das deutsche Drama vom Barock bis zur Gegenwart. Interpretationen. Hrsg. von Benno von Wiese. Band II. Düsseldorf 1960 (2. Auflage). S. 166–185. Zitat: S. 167.
[95] Schrimpf: Hauptmann · Rose Bernd, a. a. O., S. 168.
[96] Schrimpf: Hauptmann · Rose Bernd, a. a. O., S. 173.
[97] Das Entfaltungsdrama wird auch „Synthetisches Drama" genannt; das Enthüllungsdrama ist ein „Analytisches Drama".
[98] Butzlaff, Wolfgang: Die Enthüllungstechnik in Hauptmanns „Rose Bernd". In: Der Deutschunterricht, Jg. 13 (1961), Heft 4, S. 59–70.
[99] Butzlaff, a. a. O., S. 61 f.
[100] Butzlaff, a. a. O., S. 62.
[101] Butzlaff, a. a. O., S. 63.
[102] Klotz, Volker: Geschlossene und offene Form im Drama. München 1972 (6. Aufl.; 1. Aufl.: 1960). Das „offene" Drama zeigt nach Klotz u. a. folgende Merkmale (S. 228 ff.): es bietet das Ganze in Ausschnitten, ist fragmentarisch, weist eine Vielfalt von Handlung, Raum und Zeit auf, reiht Gleichwertiges, ist unausgewogen in Spiel und Gegenspiel und zeigt eine Nebenordnung (Reihung) der selbständigen Teile.
[103] Szondi, a. a. O., S. 83.
[104] Schrimpf: Hauptmann · Rose Bernd, a. a. O., S. 183 f.
[105] Gerhart Hauptmann nahm ab dem Winter 1884/85 bei dem Theaterdirektor Alexander Heßler in einer ehemaligen Kaserne im Berliner Osten Schauspielunterricht; er wohnte damals im Rosenthaler Viertel (Chronik, S. 23). Den Unterricht beendete er erst am Beginn der Erkner-Zeit, nämlich im Mai 1886 (Chronik, S. 25).
[106] Vgl. dazu Requardt/Machatzke, Gerhart Hauptmann und Erkner (Berlin 1980); hier findet man eine Fülle von wertvollen Hinweisen.
[107] Vollständige Erstveröffentlichung durch: Requardt, Walter: Erkner im Leben und Werk Gerhart Hauptmanns unter besonderer Berücksichtigung der Novelle „Fasching". Diss. Hamburg 1955. S. 189–192.
[108] Requardt/Machatzke, a. a. O., S. 101 f.
[109] Programmheft „Die Ratten", Freie Volksbühne e. V. Berlin, H. 2, 1977/78, ohne Seitenangabe.
[110] Requardt/Machatzke, a. a. O., S. 112.
[111] Paralipomenon II, 2 zu den „Ratten", 1910 entstanden.
[112] Cowen, a. a. O., S. 168–170.
[113] Cowen, a. a. O., S. 169.
[114] Cowen, a. a. O., S. 169.
[115] Kaiser, Gerhard: Die Tragikomödien Gerhart Hauptmanns. In: Festschrift für Klaus Ziegler, hrsg. von Eckehard Catholy und Winfried Hellmann. Tübingen 1968. S. 269–289. Abdruck in: Schrimpf, Hans Joachim (Hrsg.): Gerhart Hauptmann. Darmstadt 1976. S. 360–384.

[116] Kaiser, a. a. O., S. 373.
[117] Kaiser, a. a. O., S. 378.
[118] Cowen, Hauptmann-Kommentar zum dramatischen Werk, S. 170.
[119] Vgl. S. 65 (3. Akt).
[120] Vgl. Hauptmann, Gerhart: Die Kunst des Dramas. Über Schauspiel und Theater. Zusammengestellt von Martin Machatzke. Berlin 1963.
[121] Mennemeier, Franz Norbert: Literatursoziologische Bemerkungen zu G. Hauptmanns ‚Ratten', G. Kaisers ‚Von morgens bis mitternachts', H. von Hofmannsthals ‚Das Salzburger Große Welttheater', S. Becketts ‚Warten auf Godot'. In: Der Deutschunterricht, Jg. 23 (1971), Heft 2, S. 70–85. Zitat: S. 71.
[122] Rück, Heribert: Naturalistisches und expressionistisches Drama. Dargestellt an Gerhart Hauptmanns ‚Ratten' und an Georg Kaisers ‚Bürger von Calais'. In: Der Deutschunterricht, Jg. 16 (1964), Heft 3, S. 39–53. Zitat: S. 41.
[123] Wiese, Benno von: Wirklichkeit und Drama in Gerhart Hauptmanns Tragikomödie „Die Ratten". In: Jahrbuch der Deutschen Schillergesellschaft 6 (1962), S. 311–325. Wieder abgedruckt in: Benno von Wiese, Zwischen Utopie und Wirklichkeit. Düsseldorf 1963. – Erneuter Abdruck in: Schrimpf, Hans Joachim (Hrsg.), Gerhart Hauptmann, S. 301–318. Zitat: S. 304.
[124] Mayer, Hans: Gerhart Hauptmann. Friedrichs Dramatiker des Welttheaters, Band 23. Velber bei Hannover 1967. S. 68.
[125] Mayer, a. a. O., S. 68.
[126] Zur Frage der Realität und der Illusion vgl. Wiese, Benno von: Wirklichkeit und Drama in Gerhart Hauptmanns Tragikomödie „Die Ratten", a. a. O., S. 314–318.
[127] Wiese, Benno von: Wirklichkeit und Drama in Gerhart Hauptmanns Tragikomödie „Die Ratten", a. a. O., S. 307.
[128] Mennemeier, a. a. O., S. 74.
[129] Szondi, a. a. O., S. 70.
[130] CA XI (1974), S. 797 f. – [Dramatische Darstellung]; CA XI, S. 797–799; Erstveröffentlichung in „Die Kunst des Dramas" (1963), S. 35 f.
[131] Erschlossen aus der Sekretärinnenhandschrift von E. Cox. Vgl. CA XI, S. 797.
[132] Ein Beispiel dafür ist, daß der in Bayern gültige Curriculare Lehrplan die Lektüre von Hauptmanns hintergründiger Komödie „Der Biberpelz" für die 8. Jahrgangsstufe des Gymnasiums vorsieht (vgl. Curricularer Lehrplan für Deutsch in der Jahrgangsstufe 8 des Gymnasiums. Amtsblatt des Bayerischen Staatsministeriums für Unterricht und Kultus, Teil I, Sondernummer 26, Jahrgang 1978. S. 1078–1092. „Der Biberpelz": S. 1085), wo weder die Charaktere der Hauptpersonen noch die politischen Gegebenheiten und die gesellschaftlichen Probleme voll erschlossen werden können. Seltsamerweise schlägt der CuLP die Durchnahme der „Biberpelz"-Komödie auch für die 10. Jahrgangsstufe vor, wo sie akzeptabel wird. Dagegen muß man sagen, daß „Rose Bernd" im CuLP der 10. Jahrgangsstufe des Gymnasiums etwas zu früh erscheint. (Vgl. Curricularer Lehrplan für Deutsch in der Jahrgangsstufe 10 des Gymnasiums. Amtsblatt des Bayerischen Staatsministeriums für Unterricht und Kultus, Teil I, Sondernummer 17, Jahrgang 1980. S. 457–475. „Der Biberpelz" und „Rose Bernd": S. 470).
[133] Hein, Jürgen: Dramatische Formen im Unterricht. In: Sowinski, Bernhard (Hrsg.): Fachdidaktik Deutsch, Köln/Wien 1975, S. 290–301. Zitat: S. 290.
[134] Beiß, Adolf: Einführung in das große Bühnenstück. In: Beinlich, Alexander (Hrsg.): Handbuch des Deutschunterrichts, Band II, Emsdetten 1970 (5. Aufl.), S. 1265–1323.
[135] Ulshöfer, Robert: Das Drama auf der Mittelstufe. In: Methodik des Deutschunterrichts, Band 3 (Mittelstufe II), Stuttgart 1957, S. 1–42.
[136] Ulshöfer, Robert: Methodik des Deutschunterrichts, Bd. 3, Mittelstufe II, Stuttgart 1974. – Zitat: überarbeitete (2.) Auflage der Neufassung von 1974, Stuttgart 1978, S. 251.

[137] Geißler, Rolf: Das Drama im Unterricht. In: Wolfrum, Erich (Hrsg.): Taschenbuch des Deutschunterrichts, Baltmannsweiler 1976 (2. Aufl.), S. 451–466. Zitat: S. 454.

[138] Curricularer Lehrplan für Deutsch in der Jahrgangsstufe 11 des Gymnasiums. Amtsblatt des Bayerischen Staatsministeriums für Unterricht und Kultus, Teil I, Sondernummer 12, Jahrgang 1981. S. 249–260. ,,Die Weber", ,,Rose Bernd", ,,Die Ratten": S. 255. Ergänzend sei angemerkt, daß auch der Curriculare Lehrplan für Deutsch in der Jahrgangsstufe 10 des Gymnasiums das Schauspiel ,,Die Weber" als Lektüre-Vorschlag enthält (a. a. O., S. 470).

[139] Löns, Else: Der Naturalismus in sozialen Themen: Gerhart Hauptmann ,,Die Weber" – Käthe Kollwitz-Bilder – Zola ,,Germinal". In: Der Deutschunterricht, Jg. 4 (1952), Heft 1, S. 105–112. Zitat: S. 105.

[140] Wenn man mit den Schülern die hier angedeuteten Fragen bespricht, sollte man es nicht versäumen, auf das Problem der Abgrenzung zwischen dem Realismus des 19. Jahrhunderts und dem Naturalismus hinzuweisen. Es ist noch immer ein Gegenstand der literarischen Forschung und so schwierig, daß es wohl nur in Ausnahmefällen im Deutschunterricht der Jahrgangsstufe 11–13 zu einem wichtigen Diskussionspunkt werden dürfte. Im allgemeinen genügt es, wenn man die Frage, wie die beiden literarischen Strömungen der Wirklichkeit gegenüberstanden und worin sie sich voneinander abhoben, in Grundzügen klärt.

[141] Helmers, Hermann: Didaktik der deutschen Sprache. Einführung in die Theorie der muttersprachlichen und literarischen Bildung. Stuttgart 1969 (3. Aufl.; 1. Aufl.: 1966). S. 293.

[142] Vgl. Menzel, Wilhelm: Mundart und Mundartdichtung in Schlesien. München 1972.

[143] Näheres enthält die Anmerkung 147.

[144] Texte: Schmähling, Walter (Hrsg.): Naturalismus. Stuttgart 1977. S. 88–119.

[145] Bildreihe R 606 (,,Gerhart Hauptmann") des Instituts für Film und Bild in Wissenschaft und Unterricht, München. Beiheft – Text (1962): Dr. Bernhard Zeller.

[146] Siehe Menzel, a. a. O., S. 19–25, und diverse Nachschlagewerke zur Sprachkunde.

[147] Eine Schallplattenaufnahme gibt es nicht. – Hörfunkfassungen sind wohl nur vereinzelt in Medienzentren (Bildstellen u. ä.) zu erhalten; ein Rückgriff auf Schul- oder Privatarchive ist ebenfalls nur gelegentlich möglich.

[148] Schwab-Felisch, a. a. O., S. 115–152.

[149] Weitere Anregungen bietet: Eggerer, Wilhelm/Mayer, Egon: Aufsatzlexikon. Begriffe und Themen. München 1972 (2. Aufl.). S. 350. Außerdem: Wolf, Dietrich/Klotz, Dorothea: Von der Erörterung zum Reifeprüfungsaufsatz. Frankfurt a. M. 1967 (2. Aufl.). S. 112 f.

[150] Der weiteren Information über das Drama können folgende Veröffentlichungen dienen: Karutz, Guido (Hrsg.): Typologie des Dramas. Düsseldorf 1976; Büttner, Ludwig (Hrsg.): Europäische Dramen von Ibsen bis Zuckmayer. Frankfurt a. M./Berlin/Bonn 1961 (2. Aufl.); Mennemeier, Franz Norbert: Modernes Deutsches Drama. Kritiken und Charakteristiken. Band 1: 1910–1933. München 1973; Stocker, Karl: Die dramatischen Formen in didaktischer Sicht. Donauwörth 1972.

Literaturverzeichnis

I. Werke Gerhart Hauptmanns

1. Sämtliche Werke. Centenar-Ausgabe zum hundertsten Geburtstag des Dichters. Herausgegeben von Hans-Egon Hass. Fortgeführt von Martin Machatzke. Berlin/Frankfurt a. M./Wien 1962 ff. (11 Bände).
Band I (1966): Dramen
Band II (1965): Dramen
Band VII (1962): Autobiographisches
Band VIII (1963): Nachgelassene Werke. Fragmente
Band IX (1969): Nachgelassene Werke. Fragmente
Band XI (1974): Nachgelassene Werke. Fragmente
2. „Die Kunst des Dramas". Über Schauspiel und Theater. Zusammengestellt von Martin Machatzke. Berlin 1963.
3. Textausgaben:
„Die Weber" in: Hans Schwab-Felisch (Hrsg.): Gerhart Hauptmann: Die Weber. Vollständiger Text des Schauspiels. Dokumentation. Frankfurt/M. – Berlin – Wien 1979. (Reihe „Dichtung und Wirklichkeit", Ullstein-Buch Nr. 3901).
„Rose Bernd": Frankfurt/M. – Berlin – Wien 1978 (Ullstein-Buch Nr. 4978, Ullstein-Theater-Texte).
„Die Ratten": Frankfurt/M. – Berlin – Wien 1978 (Ullstein-Buch Nr. 4977, Ullstein-Theater-Texte).

II. Wichtige Quellen Gerhart Hauptmanns

„Gedenkbuch der Pfarre Ruppersdorf in Böhmen". Hinweis durch R. Iser in: Das Riesengebirge in Wort und Bild, IX, 1. Trautenau 1889. S. 25.

Schneer, Alexander: Über die Noth der Leinen-Arbeiter in Schlesien und die Mittel ihr abzuhelfen. Berlin 1844.

Wolff, F. Wilhelm: Das Elend und der Aufruhr in Schlesien. In: Deutsches Bürgerbuch für 1845. Hrsg. von H. Püttmann. Darmstadt 1845. S. 174–199.

Zimmermann, Alfred: Blüthe und Verfall des Leinengewerbes in Schlesien. Breslau 1885.

Dr. W(ilhelm) Zimmermanns Großer Deutscher Bauernkrieg (Volksausgabe), hrsg. von Wilhelm Blos. Stuttgart 1891.

III. Sekundärliteratur über Gerhart Hauptmann

1. Zu dem Schauspiel „Die Weber"

Aubin, Hermann: „Die Weber". Ein Spiegel schlesischer Volksgeschichte. In: Gerhart Hauptmann zum 80. Geburtstage. Breslau 1942. S. 121–126.

Blankenagel, John C.: Alfred Zimmermann as a Source of Hauptmann's „Weber". In: Modern Languages Notes, XLI, 4 (April 1926), S. 242–248.

Bölsche, Wilhelm: Gerhart Hauptmann's Webertragödie. In: Freie Bühne, 3 (1892). S. 180–186.

Brauneck, Manfred: Literatur und Öffentlichkeit im ausgehenden 19. Jahrhundert. Stuttgart 1974.

Fontane, Theodor: Gerhart Hauptmann, ,,Die Weber". In: Das literarische Echo. Hrsg. von Joseph Ettlinger. Berlin, 1. Jg. (1898/99), Heft 2, Sp. 133f. Abdruck in: Schrimpf (Hrsg.), Gerhart Hauptmann, Darmstadt 1976. S. 29f.

Kindlers Literatur-Lexikon. Zürich 1970. Band XI, S. 10159–10161.

Löns, Else: Der Naturalismus in sozialen Themen: Gerhart Hauptmann ,,Die Weber" – Käthe Kollwitz-Bilder – Zola ,,Germinal". In: Der Deutschunterricht, Jg. 4 (1952), Heft 1. S. 105–112.

May, Kurt: Hauptmann. Die Weber. In: Das deutsche Drama vom Barock bis zur Gegenwart. Interpretationen. Hrsg. von Benno von Wiese. Band II. Düsseldorf 1960 (2. Aufl.). S. 157–165.

Mehring, Franz: Gerhart Hauptmann's ,,Weber". In: Die Neue Zeit: Revue des geistigen und öffentlichen Lebens, 11. Jg. (1892/93), 1. Bd., S. 769–774. Abdruck in: Schrimpf (Hrsg.), Gerhart Hauptmann, Darmstadt 1976. S. 19–28.

Praschek, Helmut (Hrsg.): Gerhart Hauptmanns ,,Weber". Eine Dokumentation. Berlin 1981. (Reihe: Deutsche Bibliothek. Herausgegeben im Auftrag des Zentralinstituts für Literaturgeschichte der Akademie der Wissenschaften der DDR von Hans-Günther Thalheim, Band 8).

Schmid, Heinz Dieter: Erschließung von Dramen durch Symbolinterpretation auf der Oberstufe. In: Der Deutschunterricht, Jg. 13 (1961), Heft 4, S. 41–58. (,,Die Weber": S. 54–58).

Schwab-Felisch, Hans (Hrsg.): Gerhart Hauptmann: ,,Die Weber". Vollständiger Text des Schauspiels. Dokumentation. Frankfurt/M.–Berlin–Wien 1979 (1. Aufl. 1959). Reihe: Dichtung und Wirklichkeit, Band 1. Ullstein-Buch Nr. 3901.

2. Zu dem Schauspiel ,,Rose Bernd":

Butzlaff, Wolfgang: Die Enthüllungstechnik in Hauptmanns ,,Rose Bernd". In: Der Deutschunterricht, Jg. 13 (1961), Heft 4. S. 59–70.

Schrimpf, Hans Joachim: Hauptmann. Rose Bernd. In: Das deutsche Drama vom Barock bis zur Gegenwart. Interpretationen. Hrsg. von Benno von Wiese. Band II. Düsseldorf 1960 (2. Aufl.). S. 166–185.

3. Zur Tragikomödie ,,Die Ratten"

Brescius, Hans von: ,,Die Ratten". Im Programmheft ,,Die Ratten", Freie Volksbühne e.V. Berlin, Heft 2, 1977/78, ohne Seitenangabe.

Mennemeier, Franz Norbert: Literatursoziologische Anmerkungen zu G. Hauptmanns ,,Die Ratten", G. Kaisers ,,Von morgens bis mitternachts", H. von Hofmannsthals ,,Das Salzburger Große Welttheater", S. Becketts ,,Warten auf Godot". In: Der Deutschunterricht, J. 23 (1971), Heft 2, S. 70–85.

Rück, Heribert: Naturalistisches und expressionistisches Drama. Dargestellt an Gerhart Hauptmanns ,,Ratten" und an Georg Kaisers ,,Bürger von Calais". In: Der Deutschunterricht, Jg. 16 (1964), Heft 3, S. 39–53.

Wiese, Benno von: Wirklichkeit und Drama in Gerhart Hauptmanns Tragikomödie ,,Die Ratten". In: Jahrbuch der Deutschen Schillergesellschaft 6 (1962), S. 311–325. Wieder abgedruckt in: Benno von Wiese, Zwischen Utopie und Wirklichkeit. Düsseldorf 1963. – Erneuter Abdruck in: Schrimpf (Hrsg.), Gerhart Hauptmann, S. 301–318.

4. Sonstige Sekundärliteratur

Alexander, Neville E.: Studien zum Stilwandel im dramatischen Werk Gerhart Hauptmanns. Stuttgart 1964.

Behl, C(arl)F(riedrich)W(ilhelm): Zwiesprache mit Gerhart Hauptmann. Tagebuchblätter. München o. J. (1949).

Behl, C(arl) F(riedrich) W(ilhelm): Aufsätze – Briefe – Tagebuchnotizen. Autobiographisches und Biographisches zu Gerhart Hauptmann. Herausgegeben von Klaus Hildebrandt. München 1981 (= Reihe ,,Silesia", Folge 28).

Behl, C. F. W./Voigt, Felix A.: Chronik von Gerhart Hauptmanns Leben und Schaffen. München 1957.

Cowen, Roy C.: Hauptmann-Kommentar zum dramatischen Werk. München 1980.

Fechter, Paul: Gerhart Hauptmann. Dresden 1922.

Fechter, Paul: Gerhart Hauptmann. Gütersloh 1961 (= Das Kleine Buch, 144).

Guthke, Karl S.: Gerhart Hauptmanns Menschenbild in der ,,Familienkatastrophe" ‚Das Friedensfest'. In: GRM 43 (N. F. 12), 1962, S. 39–50.

Guthke, Karl S.: Gerhart Hauptmann. Weltbild im Werk. München 1980 (2. Aufl.) = UTB 982 (1. Auflage: Göttingen 1961).

Heise, Wilhelm: Gerhart Hauptmann. Leipzig 1923 (= Das Drama der Gegenwart, I, Reclams UB 6413).

Heynen, Walter (Hrsg.): Mit Gerhart Hauptmann. Erinnerungen und Bekenntnisse aus seinem Freundeskreis. Berlin 1922.

Hildebrandt, Klaus: Gerhart Hauptmanns Verhältnis zur Geschichte. Diss. Erlangen-Nürnberg 1965 (Fotodruck).

Hildebrandt, Klaus: Gerhart Hauptmann und die Geschichte. München 1968 (= Reihe ,,Silesia", Folge 4).

Hoefert, Sigfrid: Gerhart Hauptmann. Stuttgart 1964 (= Sammlung Metzler, Band 107; 2., durchgesehene und ergänzte Auflage: 1982).

Kaiser, Gerhard: Die Tragikomödien Gerhart Hauptmanns. In: Festschrift für Klaus Ziegler, hrsg. von Eckehard Catholy und Winfried Hellmann. Tübingen 1968. S. 269–289. – Abdruck in: Schrimpf (Hrsg.), Gerhart Hauptmann, Darmstadt 1976, S. 360–384.

Mayer, Hans: Gerhart Hauptmann. Velber bei Hannover 1967 (1. Aufl.; = Friedrichs Dramatiker des Welttheaters, Band 23).

Paranjpe, Raghunath: Die historischen Dramen Gerhart Hauptmanns. Diss. München 1942 (Maschinenschrift).

Reichart, Walter A.: Gerhart-Hauptmann-Bibliographie. Bad Homburg v. d. H./Berlin/Zürich 1969 (= Bibliographien zum Studium der deutschen Sprache und Literatur. Hrsg. von Johannes Hansel, Bd. 15).

Requardt, Walter: Erkner im Leben und Werk Gerhart Hauptmanns unter besonderer Berücksichtigung der Novelle „Fasching". Diss. Hamburg 1955.
Requardt, Walter/Machatzke, Martin: Gerhart Hauptmann und Erkner. Studien zum Berliner Frühwerk. Berlin 1980 (= Veröffentlichungen der Gerhart-Hauptmann-Gesellschaft e. V., Band 1).
Schlenther, Paul: Gerhart Hauptmann. Leben und Werke. Neue Ausgabe, umgearbeitet und erweitert von Artur Eloesser. Berlin 1922.
Schrimpf, Hans Joachim (Hrsg.): Gerhart Hauptmann. Darmstadt: Wissenschaftliche Buchgesellschaft 1976 (= Wege der Forschung, Band CCVII).
Tank, Kurt Lothar: Gerhart Hauptmann in Selbstzeugnissen und Bilddokumenten. Hamburg 1959 (= rowohlts monographien, hrsg. von Kurt Kusenberg, Band 27; weitere Auflagen).
Tschörtner, H(einz) D(ieter): Gerhart-Hauptmann-Bibliographie. Berlin 1971. Deutsche Staatsbibiliothek/Bibliographische Mitteilungen, Bd. 24.
Voigt, Felix A.: Die Entstehung von Gerhart Hauptmanns „Florian Geyer". In: Zs. f. dt. Philol., Bd. 69, 1944/45, S. 149–213.
Voigt, Felix A.: Gerhart Hauptmann der Schlesier. München 1953 (3. Aufl.).
Weigand, Hermann J.: Auf den Spuren von Hauptmanns „Florian Geyer", in: PMLA, Vol. LVII, 1942, S. 1160–1193, und Vol. LVIII, 1943, S. 797–848.
Wille, Bruno: Erinnerungen an Gerhart Hauptmann und seine Dichtergeneration: In: Heynen (Hrsg.), Mit Gerhart Hauptmann, S. 83–116.
Zeller, Bernhard (Hrsg.): Gerhart Hauptmann. Leben und Werk. Gedächtnisausstellung zum 100. Geburtstag. 1962. Sonderausstellungen des Schiller-Nationalmuseums Marbach a. N., Katalog Nr. 10.
Zeller, Bernhard: Gerhart Hauptmann. 1962. Beiblatt zur Bildreihe R 606 „Gerhart Hauptmann". Institut für Film und Bild in Wissenschaft und Unterricht, München.

IV. Allgemeines zum literarischen Naturalismus

Cowen, Roy C.: Der Naturalismus. Kommentar zu einer Epoche. München 1981 (3. Aufl.; 1. Auflage: 1973).
Hoefert, Sigfrid: Das Drama des Naturalismus. Stuttgart 1978 (2. Aufl.; 1. Aufl.: 1968; = Sammlung Metzler, Band 75).
Kerr, Alfred: Technik des realistischen Dramas (Auszug). In: Wiese, Benno von: Deutsche Dramaturgie vom Naturalismus bis zur Gegenwart, S. 1–7.
Mahal, Günther: Naturalismus. München 1975 (= UTB 363).
Meyer, Theo (Hrsg.): Theorie des Naturalismus. Stuttgart 1973 (= Reclams UB Nr. 9475–9478).
Münchow, Ursula: Deutscher Naturalismus. Berlin 1968 (Sammlung Akademie-Verlag, Literatur, Band 1).
Ruprecht, Erich (Hrsg.): Literarische Manifeste des Naturalismus 1880–1892. Stuttgart 1962.
Schmähling, Walter (Hrsg.): Naturalismus. Stuttgart 1977 (= Die deutsche Literatur in Text und Darstellung, Band 12. Reclams UB Nr. 9645).

Wiese, Benno von (Hrsg.): Deutsche Dramaturgie vom Naturalismus bis zur Gegenwart. Tübingen 1970 (= Deutsche Texte 15, Deutsche Dramaturgie, Bd. 3, dtv WR 4258).

V. Allgemeines zum Drama

Beiß, Adolf: Einführung in das große Bühnenstück. In: Beinlich, Alexander (Hrsg.): Handbuch des Deutschunterrichts, Band 2, Emsdetten 1970 (5. Aufl.), S. 1265–1323.

Büttner, Ludwig (Hrsg.): Europäische Dramen von Ibsen bis Zuckmayer. Frankfurt a. M./Berlin/Bonn 1961 (2. Aufl.).

Freytag, Gustav: Die Technik des Dramas. Leipzig 1863.

Geißler, Rolf: Das Drama im Unterricht. In: Wolfrum, Erich (Hrsg.): Taschenbuch des Deutschunterrichts, Baltmannsweiler 1976 (2. Aufl.), S. 451–466.

Hein, Jürgen: Dramatische Formen im Unterricht. In: Sowinski, Bernhard (Hrsg.): Fachdidaktik Deutsch, Köln/Wien 1975, S. 290–301.

Karutz, Guido: Typologie des Dramas. Düsseldorf 1976.

Klotz Volker: Geschlossene und offene Form im Drama. München 1980 (10. Aufl.; 1. Aufl.: 1960). Schriftenreihe „Literatur als Kunst", hrsg. von Walter Höllerer.

Mennemeier, Franz Norbert: Modernes Deutsches Drama. Kritiken und Charakteristiken. Band 1: 1910–1933. München 1973 (= UTB 135).

Pilz, Georg: Deutsche Kindesmordtragödien. – Wagner · Goethe · Hebbel · Hauptmann. München 1982.

Stocker, Karl: Die dramatischen Formen in didaktischer Sicht. Donauwörth 1972.

Szondi, Peter: Theorie des modernen Dramas. Frankfurt a. M. 1967 (4. Aufl.; 1. Auflage: 1956) (= edition suhrkamp 27).

Ulshöfer, Robert: Das Drama auf der Mittelstufe. In: Methodik des Deutschunterrichts, Band 3 (Mittelstufe II), Stuttgart 1957, S. 1–42.

Ulshöfer, Robert: Einführung in Elementarakte und Grundformen dramatischer Produktion und gestisch-mimischer Darstellung. In: Ulshöfer, Robert: Methodik des Deutschunterrichts, Band 3, Mittelstufe II, Stuttgart 1978 (überarbeitete Auflage der Neufassung von 1974), S. 251–328.

Wiese, Benno von (Hrsg.): Das deutsche Drama vom Barock bis zur Gegenwart. Interpretationen. Zwei Bände. Düsseldorf 1960 (2. Aufl.; 1. Auflage: 1958).

VI. Sonstige Publikationen

Bosch, Manfred (Hrsg.): Mundartliteratur. Texte aus sechs Jahrhunderten. Frankfurt am Main/Berlin/Wien 1979 (Texte und Materialien zum Literaturunterricht. Hrsg. von Hubert Ivo, Valentin Merkelbach und Hans Thiel, Verlag. M. Diesterweg).

Curricularer Lehrplan für Deutsch in der Jahrgangsstufe 8 des Gymnasiums. – Amtsblatt des Bayerischen Staatsministeriums für Unterricht und Kultus, Teil I, Sondernummer 26, Jahrgang 1978 (21. 6. 1978), S. 1078–1092.

Curricularer Lehrplan für Deutsch in der Jahrgangsstufe 10 des Gymnasiums. – Amtsblatt des Bayerischen Staatsministeriums für Unterricht und Kultus, Teil I, Sondernummer 17, Jahrgang 1980 (18. 6. 1980), S. 457–475.
Curricularer Lehrplan für Deutsch in der Jahrgangsstufe 11 des Gymnasiums. – Amtsblatt des Bayerischen Staatsministeriums für Unterricht und Kultus, Teil I, Sondernummer 12, Jahrgang 1981 (30. 4. 1981), S. 249–260.
Eggerer, Wilhelm/Mayer, Egon: Aufsatz-Lexikon. Begriffe und Themen. München 1972 (2. Aufl.).
Helmers, Hermann: Didaktik der deutschen Sprache. Einführung in die Theorie der muttersprachlichen und literarischen Bildung. Stuttgart 1969 (3. Aufl.; 1. Aufl.: 1966).
Menzel, Wilhelm: Mundart und Mundartdichtung in Schlesien. München 1972 (= Reihe „Silesia", Folge 10).
Wolf, Dietrich/Klotz, Dorothea: Von der Erörterung zum Reifeprüfungsaufsatz. 3000 Aufsatzthemen. Frankfurt am Main 1967 (2. Aufl.).